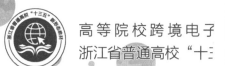

高等院校跨境电子

浙江省普通高校"十

电商美工

金贵朝 盛 磊 苏丹娣 / 主 编

林 洁 吴洁人 / 副主编

E-COMMERCE
ART DESIGN

ZHEJIANG UNIVERSITY PRESS

浙江大学出版社

图书在版编目（CIP）数据

电商美工 / 金贵朝，盛磊，苏丹娣主编. — 杭州：浙江
大学出版社，2019.8（2023.4重印）
ISBN 978-7-308-19409-9

Ⅰ．①电… Ⅱ．① 金… ②盛… ③苏… Ⅲ．①电子商
务—网站—设计 Ⅳ．①F713.361.2

中国版本图书馆CIP数据核字（2019）第170724号

电商美工

金贵朝 盛 磊 苏丹娣 主编

责任编辑	曾 熙
责任校对	杨利军 陈逸行
装帧设计	春天书装
出版发行	浙江大学出版社
	（杭州市天目山路148号 邮政编码310007）
	（网址：http://www.zjupress.com）
排 版	杭州林智广告有限公司
印 刷	嘉兴华源印刷厂
开 本	787mm×1092mm 1/16
印 张	15.5
字 数	300千
版 印 次	2019年8月第1版 2023年4月第3次印刷
书 号	ISBN 978-7-308-19409-9
定 价	76.00元

浙江大学出版社市场运营中心联系方式：0571-88925591；http://zjdxcbs.tmall.com

前　言

电子商务及跨境电子商务的快速发展，催生了各类势头强劲的电商平台，很多行业应运而生，其中，电商美工属于非常热门的岗位，美工人才严重短缺。本书旨在帮助读者学习电商美工知识，掌握电商美工技能，提升设计思维。

本书内容

本书共分三篇十章，第一篇为基础篇，主要讲解了电商美工行业认知、电商美工设计法则、产品拍摄与Photoshop图像美化等内容。第二篇为实战篇，按照电商美工的表现形式，全面介绍了电商海报设计、主图与直通车图设计、详情页设计、店铺首页设计的过程和实现方法。第三篇为拓展篇，重点讲解了移动端视觉呈现与跨境电商平台的视觉设计。

本书特点

第一，系统性。

本书以"基础＋实战＋拓展"为框架，全面讲解电商美工的理论知识，详细介绍详情页、首页、海报等实战案例的创作思路和完整设计过程。

第二，实用性。

本书呈现多平台（境内电商平台＋跨境电商平台）、多终端（PC端＋移动端）的设计方法，满足不同读者的需求与行业应用。

第三，新形态。

扫描二维码，即可获取全书的配套资料，包括微视频、教学课件、案例素材和在线测验等。

本书读者

本书可以作为高等院校电子商务专业或跨境电子商务相关方向的学习用书，也可以作为电商美工相关岗位的参考用书。

本书由具有多年电商美工教学与设计经验的人员编写，体系完整，结构清晰，案例新颖。第一章、第二章由金贵朝编写，第三章由吴洁人编写，第四章由盛磊编写，第五章、第六章由金贵朝编写，第七章、第八章由苏丹娣和盛磊共同编写，第九章由盛磊编写，第十章由林洁编写。

编者在写作过程中浏览、借鉴了大量境内外文献资料和网上资料，参考了淘宝、天猫、京东、速卖通等多家电商平台的案例，也借鉴了聚心恒教育等培训机构的实战项目，力图通过翔实的案例，由易到难、循序渐进地介绍电商美工的知识和技能，助力读者胜任电商美工的岗位。但由于时间仓促，作者水平有限，书中疏漏之处在所难免，望广大读者批评指正。

编 者

2019 年 5 月

目 录

实战篇

拓展篇

基础篇

- 电商美工行业认知
- 电商美工设计法则
- 产品拍摄
- Photoshop 图像美化

第一章　电商美工行业认知

学习要求

　　本章的学习目标是让读者对电商美工有一个初步的认识，激发读者对电商美工的学习兴趣。

　　通过本章的学习，读者能够理解电商美工所需掌握的主要内容，洞察电商美工的发展前景，了解成为一名优秀的电商美工所应具备的五大技能，从而循序渐进地学习本课程。

第一节　电商美工概论

🎬 电商美工概论

　　导入： 随着电子商务的快速发展，电商美工、运营、推广、客服等岗位应运而生，其中，电商美工属于非常热门的岗位。

一、发展背景

　　近年来，电子商务发展势不可当，它不仅改变了商品交易的方式，也改变了人们的生活方式。在繁荣的电子商务背景下，诞生了很多优秀的电商平台，大家比较熟悉的境内电商平台有淘宝、天猫、京东、拼多多、苏宁易购、唯品会、当当网等。

　　电子商务将原本是"光棍节"的"双11"，演变成了全民购物的狂欢节，"双11"宣传海报铺天盖地，如图1-1所示。网经社电商大数据库显示，2021年"双11"全网交易额达到了9651.2亿元，接近万亿元大关，同比增长12.22%，其中天猫与京东的交易额分别为5403亿元和3491亿元。

图1-1　"双11"宣传海报

图1-2　多家跨境平台标志

此外，这几年跨境电商发展也异常迅猛，越来越多的中国卖家入驻亚马逊（Amazon）、亿贝（eBay）、速卖通（Aliexpress）、Wish、Shopee等跨境电商平台，开拓国际市场，如图1-2所示。

随着电子商务的崛起，很多岗位应运而生，例如电商美工、运营、推广、客服等，其中，电商美工是非常热门的岗位。

二、什么是电商美工

（一）什么是美工

美工全称为美术工程师（art engineer），主要指完成美术视觉上的设计排版等工作，包括对平面、色彩、基调、创意等进行加工和创作的技术人才。

（二）美工的分类

根据工作性质，美工可分为平面美工、三维美工和网页美工三大类。

平面美工是指用Photoshop（PS）或Illustrator（AI）等软件设计平面外观的人才。它涉及的领域非常广泛，如图1-3、图1-4所示的杂志、书籍的封面设计，折页的设计，画册的设计，商标设计，当然，也包括海报设计、产品包装设计等。

图1-3　封面设计　　　　　　　　图1-4　折页设计

三维美工是指用3dmax、Maya等软件进行三维角色模型设计、三维场景设计、道具

图1-5　三维角色模型设计　　　图1-6　三维场景设计

模型设计等工作的人才，如图1-5、图1-6所示。

网页美工是指使用Photoshop、Dreamweaver等软件，将网页的视觉效果呈现出来的设计人才，图1-7所示的是华为的网站首页。

图 1-7　华为网站首页

那么，电商美工属于其中的哪一类呢？

电商美工属于网页美工的分支，它和网页美工一样，都是以平面设计为基础，以网络为载体的。图1-8为百草味天猫旗舰店的首页，图1-9为Bearking Official Store的速卖通店铺首页。

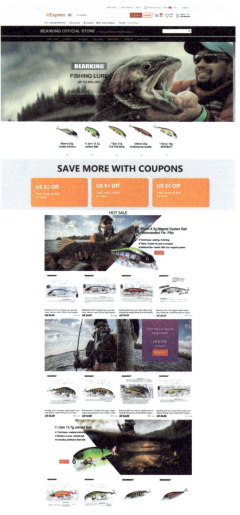

图1-8　百草味天猫旗舰店首页　　　　图1-9　Bearking Official Store 速卖通首页

作为网页美工的分支，电商美工需要熟悉Photoshop、Dreamweaver等软件。

三、电商美工的工作内容

作为一名电商美工，需要处理三部分内容，即产品拍摄、产品修图和电商平台美工处理。

（一）产品拍摄

对于大公司来说，一般会有专业的拍摄团队，美工只需要负责与摄影师沟通。而对于刚刚创业或规模不大的公司来说，美工要负责产品的前期拍摄工作。

想要拍摄出好的产品图，就需要对相机和拍摄的辅助器材有一定的认识，如图1-10所示。在拍摄前，要了解产品的特点与拍摄要求，不同的产品由于材质不同，大小不同，对拍摄有不同的要求，例如电饭煲、陶瓷品、衣服等不同材质的产品对拍摄的要求就存在一定的差异，如图1-11所示。

图1-10　认识相机　　　　　　　　　图1-11　产品拍摄现场

在拍摄时，要根据不同的拍摄物，调整相应的布光方式，还要学会产品的摆放和搭配，背景的选择与处理等。此部分内容将在第三章"产品拍摄"中进行详细介绍。

（二）产品修图

当美工拿到一大堆已拍摄完成的产品素材后，需要对拍摄的图像进行后期处理，例如进行裁剪，使它符合平台的要求；把某一产品从复杂的背景中抠取出来；对产品进行调色，还原其真实的色彩（见图1-12）；甚至对产品进行精修（见图1-13）；等等。

图1-12　还原真实的色彩

图1-13　产品精修

此部分内容将在第四章"Photoshop图像美化"中通过案例进行详细介绍。

（三）电商平台美工处理

不同的电商平台，对美工的要求存在一定的差异，总体来说，境内电商平台对美工的要求比较高，跨境电商平台相对简单些。

境内的电商平台一般要求美工处理以下四方面内容，分别是详情页、主图、店铺首页和海报。

1.详情页

详情页是指用于介绍产品的价值点及那些与众不同的地方，通过图文结合的方式进行展示，从而促进买家购买的介绍页面。

例如，服装类的详情页，一般包括整体的模特效果图、搭配推荐、不同颜色的展示、产品细节的展示、不同场景的展示、产品尺码等信息。宝贝详情页至关重要，对产品的转化率及流量的二次分流起到很大的作用，是美工工作的重点。

本书将在第七章"详情页设计"中对详情页的设计制作进行详细介绍。

2.主图

主图是买家通过搜索查找商品的必经之路，起到引流的作用，主图的好坏决定买家的关注程度并影响买家是否通过看到的主图进入店铺，是电商美工工作的关键性内容。教材的第六章第一节将详细地介绍"主图设计"。

3.店铺首页

店铺首页犹如一个人的穿着和脸面，是影响客户进店后能否快速寻找到商品的主要因素，也代表着产品的风格、功能定位等。店铺首页通常包括店招、菜单栏、焦点图、分类展示等内容，在设计上要求内容丰富，风格统一。教材的第八章"店铺首页设计"将进行详细介绍。

4.海报

产品上新及店铺布置完成后，需要将产品与店铺展示给顾客看，这就需要定期设计促销海报、直通车推广图、钻展图配合店铺的销售活动，如图1-14所示。

海报的设计，将在第五章"电商海报设计"中进行详细介绍，也是本课程学习的一个重点。

以上这些是电商美工最主要的工作内容。

四、电商美工的发展前景

学好本课程，不仅可以胜任淘宝、天猫、京东商城等境内电商美工工作，还能胜任跨境电商平台美工等工作，也可以从事网页设计、广告设计等工作，还可以自己开店创业。

图 1-14　节日海报

第二节　如何成为一名电商美工

导入： 电商美工是店铺视觉营销设计与装修的最终执行者，在整个工作流程中显得极为重要，那么要成为一名优秀的电商美工，需要掌握哪些技能呢？

一、学会常用工具

工欲善其事，必先利其器，不管做什么工作，都离不开工具。对于电商美工来说，最重要的两个工具是 Photoshop 和 Dreamweaver，均为 Adobe 公司开发的软件。Photoshop 是电商美工的必备软件，也是应用最广泛的图像处理软件之一，使用 Photoshop 可对产品图进行编辑、抠图、合成、调色及特效制作，同时也可用来设计店铺首页、详情页、促销海报、主图等。Photoshop 与 Dreamweaver 配合使用，可将设计效果在页面中呈现出来，并实现一些基础特效。

二、运用设计理念

作为一名电商美工，除了熟练掌握软件的操作，更重要的是学会如何设计。有些美工由于缺乏设计理念，虽然有很好的技术，但设计出的东西给人感觉很廉价，缺乏品牌感。

如何成为
一名电商美工

设计是电商美工必不可少的学习内容，包括基本原则设计、配色设计、构图设计、字体设计等，此部分内容将在第二章"电商美工设计法则"中进行详细分析。

图1-15所示是一张没有经过设计的文字版面，重点很不突出；图1-16所示的是设计后的文字版面，整个版面主次分明，干净整洁。第二章将会指引你快速掌握版面的设计方法。

<table>
<tr>
<td>
优秀的设计就这么容易
1. 学习4大基本原则
他们比你想象的要简单
2.认识到自己还没有应用这些原则
亲密性 对齐 对比等
3.应用这些原则
结果让你大吃一惊
</td>
<td>
优秀的设计就这么容易
1 学习4大基本原则
他们比你想象的要简单
2 认识到自己还没有应用这些原则
亲密性\对齐\重复\对比等
3 应用这些原则
结果让你大吃一惊
</td>
</tr>
</table>

图1-15　没有设计的文字版面　　　　　　　图1-16　设计后的文字版面

色彩是影响美感、视觉冲击力和艺术感染力的关键因素，在电商美工设计中扮演着重要的角色，配色设计甚至关系到商品的访问量和品牌的认知度。图1-17所示的海报背景、文案的颜色均取自于产品包装和商标，画面色调统一，简洁自然，文案和产品突出。

图1-17　配色设计

构图设计在日常摄影和电商海报设计中都有广泛的应用，优秀的构图不仅能创造舒适整齐的页面结构，还能表现出作品的主题思想。例如，常用九宫格构图把关键内容置于交叉点的位置，如图1-18、图1-19所示。

图 1-18　构图设计 1

图 1-19　构图设计 2

字体是文字的风格样式，也是表现文化的载体，不同的字体给人的感觉不尽相同，优秀的字体设计可以突出文案，使文案更具表现力，如图1-20所示。

图 1-20　字体设计

作为电商美工，要学会以上这些设计理念。

三、注重视觉营销

作为一名优秀的电商美工，必须要注重营销的视角。所谓视觉营销是指利用色彩、图像、文字等造成的冲击力吸引潜在顾客的关注，由此增加产品和店铺的吸引力，从而达到营销制胜的效果。

首先，电商美工的设计要让客户看得懂视觉图片，快速读取到文案内容，迅速传达出卖点；其次，店铺内的产品分类设置、导航、产品推荐设计要有利于消费者选择产品；再次，要在页面中添加"立刻购买"标语、搭配套餐、关联营销等宣传元素，方便消费者购买；最后，要设计"收藏有礼"等，让客户成为回头客，完成视觉营销。

视觉营销有三个作用：其一，通过视觉营销引起潜在消费者的关注，这就是引流；其二，引起消费者的兴趣与购买欲望并使之购买，这是转化率；其三，在买家心目中树立起店铺形象，这是忠实流量。

四、熟悉电商平台

如果说 Photoshop 和 Dreamweaver 是电商美工的操作工具，设计理念是美工的操作理论，视觉营销是美工的操作思想，那么电商平台就是美工的操作平台，只有将这几者完美地结合，才能说熟悉了电商美工的操作流程。

不同的电商平台对图片的要求有所不同，同为阿里巴巴旗下的淘宝、天猫、速卖通，图片尺寸也略有区别。如表1-1所示，无论是PC端详情页、主图、店招和轮播图，尺寸要求均有所不同。而且，这些规则会不断更新与调整，作为电商美工要持续关注不同电商平台的规则。

表1-1 淘宝、天猫、速卖通的图片参考尺寸

平台	PC详情页尺寸（像素）	主图尺寸（像素）	店招尺寸（像素）	轮播图尺寸（像素）
淘宝	宽度750，高度不限	800×800以上	950×120，全屏店招宽度1920	宽度950，高度自设，全屏海报宽度1920
天猫	宽度790，高度不限	800×800以上	990×120，全屏店招宽度1920	宽度990，高度自设，全屏海报宽度1920
速卖通	宽度960，高度不限	800×800以上	1200×（100~150），高度建议不超过150	全屏海报宽度1920，高度自设

此外，境内电商平台与跨境电商平台也存在一定的差异。以主图为例，图1-21为亚马逊平台上的"妮维雅男士爽肤水"主图，图1-22是其在天猫平台上的主图。

亚马逊和天猫在主图的规则上存在一定的差异。亚马逊要求主图背景必须是纯白

图 1-21 "妮维雅男士爽肤水"在亚马逊的主图

图 1-22 "妮维雅男士爽肤水"在天猫的主图

色；主图不能是绘图或者插图，而且不能包含实际不在订单内的配件；道具主图不能带商标和水印；产品最好占主图面积约85%的空间。而天猫对不同品类的主图做了规定，没有明确规定其背景必须为白色，但要求实物图须达到5张，产品占主图面积约55%的空间。

　　图1-23是苏泊尔电饭煲在亚马逊上的主图，图1-24为苏泊尔在天猫平台上展示的主图视频截图，主图视频已成为电商平台的流行趋势，是天猫展示商品、优化排名不可或缺的部分。而亚马逊产品视频目前主要针对成功完成品牌备案的第三方卖家开放。

图1-23　苏泊尔电饭煲在亚马逊的主图　　　图1-24　苏泊尔电饭煲在天猫的主图视频截图

　　作为电商美工必须要熟悉各平台对图片的具体规定，表1-2所示为亚马逊和天猫主图规则的比较。

表1-2　亚马逊和天猫主图规则比较

平台	主图背景	主图图标	产品占比	主图视频
亚马逊	主图背景必须是纯白色	主图不能带图标和水印	产品占主图面积约85%的空间	针对成功完成品牌备案的第三方卖家开放
天　猫	没有明确规定其背景必须为白色	图标放置在左上方，不得出现水印	产品占主图面积约55%的空间	成为展示商品、优化排名不可或缺的部分

五、学会与团队沟通

　　电商美工不仅要学会设计，沟通能力同样重要。电商美工需要和老板沟通，将运营的思想用图表现出来；需要和运营沟通，领悟运营理念和策划方案，避免做图方向的错误；需要和产品研发人员沟通，以便了解产品；需要和摄影师沟通，确定产品构图、布光、色调、质感等；需要和推广方沟通，了解推广广告位和推广需求；需要和客服沟通，告诉他们哪些图在哪些地方，有什么作用，在什么情况下需要将这些图截图给客户看。美工是一条线，几乎贯穿了整个店铺的所有岗位。有效的沟通有时甚至比技术更为重要，想成为资深的美工需要付出更大的努力。

本章小结

1.美工分为平面美工、三维美工和网页美工，电商美工属于网页美工的分支。

2.作为一名电商美工，需要处理三部分内容，即产品拍摄、产品修图和电商平台美工处理，境内电商平台美工主要负责设计详情页、主图、首页和海报等。

3.想成为一名优秀的电商美工，需要掌握五大要点：学会常用工具、运用设计理念、注重视觉营销、熟悉电商平台及学会与团队的沟通与配合。

推荐书籍

1.许基海，周莉.Photoshop2021淘宝美工全能一本通［M］.北京：人民邮电山版社,2022.

2.朱华杰.品牌视觉：可复制的电商视觉终极玩法［M］.北京：电子工业出版社，2018.

3.李芳，覃海宁.电商美工设计手册[M].北京：清华大学出版社,2020.

本章习题

第一章习题

第二章　电商美工设计法则

学习要求

　　设计是电商美工必不可少的学习内容，包括美工设计基本原则、配色设计、构图设计、字体设计、留白等。

　　通过本章的学习，读者能够熟悉常用的设计原则，了解色彩的基本属性，掌握色彩搭配的具体方法，了解构图的常见形式，掌握字体的选择与应用，学会应用留白突出重点，为从事电商美工工作打下良好的基础。

第一节　美工设计基本原则

　　导入： 在现实生活中，有些人修图技能掌握得非常不错，但设计出来的作品美感不足，重点不够突出，产品、文案、版面结合起来不太自然。那么，设计中有没有一些基本原则可循呢？美国的罗宾·威廉姆斯总结了设计中最重要也是最基本的四个原则，即亲密性、对齐、重复和对比原则。这些设计原则，在生活中无处不在，每个优秀的设计都运用了这些原则。

■ 美工设计
基本原则

一、亲密性原则

（一）什么是亲密性

俗话说：物以类聚，人以群分。亲密性是指将逻辑上存在关联的元素排列组合在一起，归为一组，使其被看作是密切相关的整体，而不是一堆杂乱无章的元素。

先来看图2-1和图2-2，你觉得哪个设计更有组织性，更容易从中获取信息呢？

图2-1 菜单1

（右侧）

图2-2 菜单2

很明显，图2-2通过归类，将菜品分为小炒类、火锅类、青菜类、火锅配菜、酒水类、汤类等，使得用户能快速获取信息。

（二）亲密性的目的

运用亲密性原则，有助于组织信息，为读者提供清晰的结构。

（三）如何达到亲密性

首先需要对元素进行归类组合，将页面中出现的元素按某种逻辑进行划分。接着，对于同一组合内的元素在物理位置上赋予更近的距离，使它们相互靠近，形成一个视觉单元，而无关的要素，则彼此分开。

图2-3是一张企业名片的布局，在这样小的空间里，你看到了多少个单独的元素？视线要转移多少次才能看全这张名片上的所有信息？

估计大多数读者的视线要转移5次左右，而且要全盘巡视，确保没有遗漏任何角落才能看全名片上的信息。

图2-3 名片

如果对这张名片做些调整，如图2-4所示，即把相关的元素分在一组，使他们建立更亲密的关系，你看会发生什么？

运用亲密性原则之后，杂乱的页面元素经过逻辑归类，达到了分类放置、适当留白的效果，通过对信息的有效组织，减少了混乱，增加了可读性。

例如，在日常生活中，运用亲密性原则实现了

图2-4 运用亲密性原则修改后的名片效果

厨房的碗筷、刀叉等物品的归类放置（见图2-5），但这只是第一步。如何才能使厨房摆放达到整齐有序的效果？这里需要用到第二个原则——对齐原则，如图2-6所示。

图 2-5　运用亲密性原则摆放碗筷、刀叉

图 2-6　碗筷、刀叉整齐有序
摆放后的效果

二、对齐原则

（一）什么是对齐

对齐是指任何元素不能在页面上随便摆放，每个元素应当与页面中的另一个元素存在某种视觉联系，要在元素之间建立视觉纽带。

如果页面上的元素是对齐的，就会得到一个内聚的单元。即使对齐元素的物理位置离得很远，但在它们之间会有一条看不见的线把它们连在一起。

（二）对齐的目的

对齐的根本目的是使页面统一而有条理。人们的眼睛喜欢看到有序的事物，这不仅让人平静，也有助于表达信息。

（三）如何实现对齐

任何元素都要在页面上找出与之对齐的元素，在这些元素之间确定一个明确的对齐线，并坚持以它为基准。

（四）对齐分类

对齐的方式可分为左对齐、右对齐、居中对齐和两端对齐。

例如，刚才的名片设计，采用右对齐方式进行处理后，里面的信息立刻就变得有条理了，如图2-7所示。尽管这是一条看不见的线，但它为这些信息提供了一个共同的边界，这个边界把它们联系在了一起。

图2-8所示是常见的电商海报，通过左对齐，将所有的文案自然而然地串到了一起，这样的案例在电商海报设计中比比皆是。

图 2-7　运用对齐原则后的名片效果

图 2-8　运用对齐原则设计的海报效果

提示： 在使用对齐原则时，应尽量采用一种文本对齐方式，避免在一个页面上混合使用多种文本对齐方式，例如，所有的文本都应左对齐，或右对齐，或居中对齐。

亲密性原则可以将一个页面中的元素划分成不同的组合，而对齐原则，则可以使这些不同的元素组合看起来彼此相关。

但对于两个平等关系的元素组合或者多个平等关系的组合，仅仅利用亲密性和对齐原则还无法呈现出完美的效果，这里需要用到第三个原则：重复原则。

三、重复原则

（一）什么是重复
重复是指具有相同属性的元素在整个作品中反复出现。

（二）如何实现重复
可重复颜色、形状、空间关系、字体、大小等。

在日常工作中人们经常使用重复原则，例如，文本编辑时将所有标题都设置为相同的大小和粗细，在每一页的底部增加一条线，项目中的每个列表使用相同的符号等。如图 2-9 所示，每一级分类统一使用了一种字体和大小，字体颜色也统一。

再来看图 2-10 的例子，标题统一采用粗字体，正文采用细字体，二级目

图 2-9
重复性原则的运用效果 1

图 2-10
重复性原则的运用效果 2

录使用项目符号，也进行了缩进，同时也利用了行间距、对齐等方式进行重复。

重复原则在商标设计中也经常使用，如华为的商标（见图2-11）有规律地重复花瓣，阿迪达斯的商标则有规律地重复色块（见图2-12）。

图2-11　重复花瓣（华为商标）　　　　　　图2-12　重复色块（阿迪达斯商标）

电商美工在页面设计中经常使用重复原则，图2-13是某一店铺的首页，采用多边形的方式进行重复。

图2-14所示是另一家店铺的首页，通过黄色的色块进行重复展示。

图2-13　重复形状的店铺首页　　　　　　　图2-14　重复颜色
　　　　　　　　　　　　　　　　　　　　的店铺首页

（三）重复的目的

通过重复，作品风格更为一致，画面表现统一而完整，阅读更加轻松直接。

提示： 要避免过多地重复一个元素，太多的重复会让人反感，因此，要注意对比的价值。

四、对比原则

如果亲密性、对齐和重复是为了实现组织性，使画面统一有序，那么对比的出现就是为了打破单调，通过强调突出视觉重点，吸引读者关注。

（一）什么是对比

对比是指为避免页面上的元素太过相似，以截然不同的方式呈现页面上的元素，以达到吸引读者的效果。

如果一个页面中的文本采用的都是同样的字体、同样的字号、同样的颜色，读者能轻易区分出哪里是标题，哪里是正文内容吗？肯定不容易区分。所以在通常情况下，设计师都会应用对比原则。

（二）对比的目的

通过对比，一方面增强页面视觉效果，强调视觉重点；另一方面还可以让信息层级更清晰，自然地引导读者的视线。

（三）对比的实现

产生对比的方法可以有：大字体与小字体的对比，粗线与细线的对比，冷色与暖色的对比，平滑材质与粗糙材质的对比，间隔很宽的文本行与紧凑在一起的文本行的对比，大图片与小图片的对比等。

对标题采用加大字号、加粗字体、改变字体、更换颜色等方式进行处理以使其区别于正文内容，这就是对比原则的一个表现。

（四）练习

某张名片的主标题是"杭州**设计创意有限公司"，副标题为"创新领先"，主副标题如何实现对比效果呢？

第一种方式，如图2-15所示，主标题放大，副标题缩小，这种对比，属于字体大小的对比，是最简单的对比。第二种方式，如图2-16所示，颜色发生了变化，字体大小做了调整，属于较明显的对比。

图2-15　字体大小的对比

图2-16　字体颜色和大小的对比

第三种对比方式，如图2-17所示，主标题加上背景，形成了一种空间的对比，使得主副标题的对比更加突出。此外还有疏密对比、动静对比等。

图 2-17　空间对比

没有对比的页面设计，在读者的眼里就如平静的海面，视线可及之处没有一个焦点，出现了对比，意味着在平静的海面上出现一个像小岛一样可以吸引视线的焦点，突出了视觉重点。

提示： 对比要强烈，但依然涉及一个度的问题，过于强烈的对比，很有可能导致读者忽视页面中比较弱的那些元素。

亲密性、对齐、重复和对比这四个设计原则是相互关联的，只应用某个原则的情况是很少的。

第二节　配色设计

导入： 色彩是电商美工设计中的重要元素之一，能否成功进行色彩的搭配，将直接影响店铺的美感和视觉冲击力，甚至关系到商品的访问量和品牌的认知度。

配色设计

一、色彩的基本属性

色彩可分为非彩色和彩色两大类别。非彩色是指白色、黑色和各种深浅不同的灰色，而其他所有颜色均属于彩色，彩色具有三个属性：色相、饱和度、明度。

色相也叫色调，指颜色的种类和名称，是颜色的基本特征，是一种颜色区别于其他颜色的因素，图2-18中呈现了红、橙、黄、绿、青、蓝、紫这些不同特征的色彩，这就是色相。

图 2-18　色相

饱和度是指颜色的纯度，一种颜色的饱和度越高，它就越鲜艳；反之，一种颜色的饱和度越低，它就越接近于灰色。图2-19的饱和度明显高于图2-20，左边图片非常鲜艳，而右边图片偏向于灰色，如果饱和度一直降低，则会变成非彩色的图像。

图 2-19　高饱和度图像效果　　　　　　　　图 2-20　低饱和度图像效果

明度是指人眼所能感受到的色彩明暗程度。图2-21很明亮，通过降低明度，图2-22显得很暗。

图 2-21　高明度图像效果　　　　　　　　　图 2-22　低明度图像效果

二、色彩的情感

人们常说，不同的色彩能够触动人们不同的情感。

色彩的情感又称为色彩的功能、色彩的表情。色彩能够触动人们的情感是因为人们长期生活在充满色彩的世界中，从而累积了许多视觉经验，当视觉经验与外来色彩刺激产生呼应时，就会在心理上引出某种情绪，它同时受思维者的年龄、性格、经历、民族、地区、环境、文化等诸多因素的影响，下面来分析几种典型色彩的情感。

（一）红色

红色是一种刺激性特强，容易引起人们兴奋且能给人留下深刻印象的色彩。红色给人以温暖、兴奋、活泼、热情、希望、饱满、幸福等积极向上的意向。因此，红色往往代表生命、热情和活力。如图2-23所示，一位洋气的美女提着红色的包，大阔步行走，使人感觉富于朝气，蓬勃向上。

在我国，红色往往与吉祥、好运、喜庆相关联，因此红色便成为节日或庆祝活动中的常用色，图2-24所示是一张年货节海报，大面积地采用了红色。

图 2-23 红色效果 1 　　　　　　　　　　图 2-24 红色效果 2

然而，在某种情况下，红色会让人产生紧张、危险及骚动不安的感觉，也常用来作为警告、禁止等标示用色，如图 2-25、图 2-26 所示。

图 2-25 红色警示效果 1 　　图 2-26 红色警示效果 2

（二）橙色

橙色是黄色与红色的混合色，是十分欢快活泼的光辉色彩，是暖色系中最温暖的色彩，代表温馨、活泼、热闹，给人感觉明快，具有富丽、辉煌、炙热的感情意味。使人联想到金色的秋天、丰硕的果实，因此是一种代表富足、快乐和幸福的色彩。橙色容易引起营养、香甜的联想，并激发食欲，如图 2-27、图 2-28 所示。

图 2-27 橙色效果 1 　　　　　　　　　图 2-28 橙色效果 2

（三）黄色

黄色是最亮的色彩，在高明度下能保持很强的纯度，是非常明亮而娇美的颜色，有很强的光感，具有极强的视觉效果。图 2-29、图 2-30 所示的黄色衣服和黄色汽车，非常醒目、亮眼。

图 2-29　黄色效果 1　　　　　　　　　　　　图 2-30　黄色效果 2

（四）绿色

由于人们生活在绿色的大自然的怀抱中，所以对绿色的反应最平静。绿色容易让人联想到大自然、草地、森林等，它传达清爽、理想、希望、生长、青春等意象，符合农业、服务业、保健业的诉求，医疗卫生机构也常采用绿色来做空间色彩规划，标示医疗用品，如图2 31、图2-32所示。

图 2-31　绿色效果 1　　　　　　　　　　　　图 2-32　绿色效果 2

（五）蓝色

蓝色是最冷的色彩，使人联想到天空、海洋、湖泊、远山、冰雪，具有冷静、理智、高深、严谨等含义。由于蓝色具有沉稳的特性，包含理智、准确的意象，强调科技的商品或企业大多选用蓝色作为商品或企业色，如手机、电脑、汽车、摄影器材等，如图2-33所示。

图 2-33　蓝色效果

（六）紫色

紫色代表神秘、高贵、威严，给人以浪漫、优雅、雍容华贵之感。提高紫色的明度，可产生妩媚、优雅的效果，具有强烈的女性化性格，如图2-34、图2-35所示。

图 2-34　紫色效果 1

图 2-35　紫色效果 2

三、电商美工色彩选择

电商美工应如何快速把握整体的色彩基调，更好地表达产品的主题思想呢？

（一）选择与行业相匹配的色彩

色彩给人不同的印象，不同行业、不同产品对所使用的色彩都有一定的倾向性。例如，保健品或化妆品经常使用绿色，体现生命与健康，如图2-36所示。科技、数码家电类产品较多采用蓝色，体现其商务、稳定的格调。食品行业中的零食、水果常常采用橙色，橙色是一种很生活化的颜色，表现出生活的格调。快餐店、面点屋经常使用红色、橙色、黄色等暖色系色彩，可以让人增加食欲，给人以味觉刺激，同时又有较强的视觉认知性和吸引力，如图2-37所示。爱情婚恋主题往往采用紫色，或与粉色搭配，表现浪漫、优雅、高贵、梦幻的气质。

在电商美工中，首页、店招、促销图等的配色要选择与行业相匹配的颜色，保证色彩与店铺形象、经营的商品相一致。

图2-36 保健品行业绿色效果

图2-37 餐饮行业暖色效果

（二）根据消费者特点定位色彩

不同性别的消费群体，对色彩的偏好存在较大的差异。例如，成熟男性商品的配色以体现冷峻感的冷色系或黑色、灰色等非彩色为主，低明度、低纯度的色调，能演绎出冷静、沉着、强壮、潇洒等男性的不同侧面，如图2-38所示。感受速度和力量的运动型配色也是男性配色，通过色彩来表现动感的印象，突出色彩之间的对比效果，如图2-39所示。

图2-38 成熟男性商品配色

图2-39 运动型商品配色

女性产品的配色应确保色彩反差小及色彩之间的平稳过渡，以此来表现女性温柔、柔美的特质，女性普遍喜好红色、粉色等暖色，可通过暖色单色系配色演绎女性的高雅和优美；可通过高明度的暖色系来体现浪漫甜蜜的印象，如图2-40所示；紫色、黑色、红色体现艳丽成熟配色效果，表现成熟女性的魅力，如图2-41所示。

图2-40 浪漫甜蜜的配色效果

图2-41 艳丽成熟的配色效果

不同年龄阶段对色彩的偏好也呈现出不同的特点：儿童喜欢活泼鲜艳的颜色，青少年喜欢对比较强的颜色，中年人喜欢稳重大气的颜色，而老年人则喜欢简单素雅的颜色。针对不同的消费群体，在设计上所采用的色彩也应有所不同。

（三）选择与季节相对应的色彩

不同的季节带给人不一样的视觉感受，一些电商大卖家页面的更新就像季节的定时闹钟，非常及时准确。

春季：人们脑海中浮现的是万物复苏、生机勃勃的景象，绿色经常被选作主色调，下面的海报整体视觉效果以清新绿色为主，体现春季的万物生机，如图2-42所示。

图 2-42　春季海报配色效果

夏季：夏季天气炎热，唯有冰爽雨水才能带给人清凉，蓝色常作为夏天的主色调。图2-43中，整体的视觉颜色为清爽的蓝色。图2-44所示页面采用海水、冰块组成的字，浓浓的酷爽气息不仅完美地呈现了活动的信息，还给客户带来一丝凉爽之意。

图 2-43　夏季海报配色效果1　　　　　　图 2-44　夏季海报配色效果2

秋季：秋季是丰收的季节，让人联想到丰硕的果实、泛黄的树叶和收获的景象，橙黄色、褐色成为秋季的主色调，如图2-45、图2-46所示，整体视觉为暖色系。

图 2-45　秋季海报配色效果 1　　　　图 2-46　秋季海报配色效果 2

冬季：冬季使人顿时联想到白雪皑皑过圣诞的景象，白色往往成为冬季海报的主色调，如图 2-47 所示。我国的冬季会有春节等重要节日，在节日海报中，选择红色以体现节日喜庆之感，白色作为素材烘托整体，如图 2-48 所示。

图 2-47　冬季海报配色效果 1　　　　图 2-48　冬季海报配色效果 2

通过色彩表现季节感时，重点在于色调，只有确定正确的色调后才能进行恰当地配色。

四、配色理论与方法

前面所阐述的是单一颜色的色彩表现和色调选择，然而电商美工设计的画面常常需要多种色彩表现，应如何选择色彩进行搭配呢？先来认识下色相环。

（一）色相环

12 色相环由原色，二次色（间色）和三次色（复色）组合而成，如图 2-49 所示。色相环中的三原色是红、黄、蓝，彼此势均力敌，在环中形成一个等边三角形。二次色是橙、紫、绿，处在三原色之间，形成另一个等边三角形。红橙、黄橙、黄绿、蓝绿、蓝紫和红紫六色为三次色。三次色由原色和二次色混合而成。

（二）常用的色彩搭配法

常用的色彩搭配法包括同类色搭配、邻近色搭配、类似色搭配、互补色搭配等。

1.同类色搭配

同类色是指色相环中15°夹角内的颜色，色相性质相同，但色度有深浅之分，如深绿与浅绿。

2.邻近色搭配

邻近色是指在色带上相邻近的颜色，凡在60度范围之内的颜色都属于邻近色，如图2-50所示。邻近色之间往往你中有我，我中有你。例如朱红色与橘黄，如图2-51所示，朱红色以红为主，里面略带有少量黄色；橘黄色以黄为主，里面有少许红色，虽然它们在色相上有很大差别，但在视觉上却比较接近。

3.类似色搭配

类似色是指在色轮上90度角内相邻接的颜色，如图2-52所示。例如红—红橙—橙，黄—黄绿—绿等均为类似色。类似色由于色相对比不强，给人平静、调和的感觉，因此在配色中常常应用。

4.互补色搭配

在色相环中，处于直径位置（180度对角）的两色，称为互补色，如图2-53所示，由于有非常强烈的对比度，在颜色饱和度很高的情况下，可以创建很多十分震撼的视觉效果。例如橙和蓝、红和绿、黄和紫。

（三）色彩搭配技巧

1.风景取色法

自然界非常神奇，蕴含了完美的色彩搭配，处处可以看到均衡的色彩组合，类似色互相辉映，搭配着对比色，展现出了色彩组合的丰富变化，利用自然界图片可以产生非常美妙的色彩搭配。

具体步骤如下。

（1）步骤一：搜索一张自然界图片，或自己拍

图2-49　12色相环

图2-50　邻近色

图2-51　邻近色搭配效果

图2-52　类似色

图2-53　互补色

摄，最好是没有经过处理的原始图，如图2-54所示。

（2）步骤二：用图像处理软件（如Photoshop）给图片打上马赛克，通过马赛克将多种颜色归类为一个颜色，如图2-55所示。

（3）步骤三：取5种颜色，做成多个圆色块。

图2-54 自然界图片

图2-55 给图片打上马赛克并取色

（4）步骤四：应用到页面配色中，如图2-56、图2-57所示。

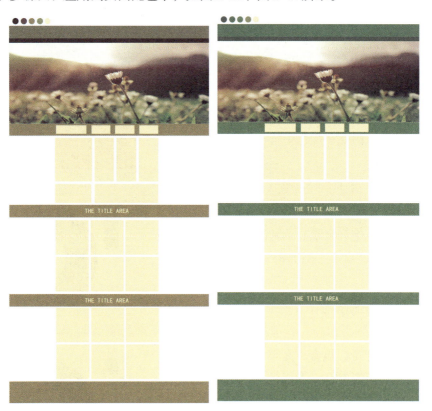

图2-56 配色应用效果1　　　　图2-57 配色应用效果2

提示： 不同的原始图，设计出来的配色与众不同，非常独特。其难点在于如何找到一张合适的图片，因为不同的图片其对应的应用领域有所不同。

2.工具取色法

目前有一些配色软件如ColorSchemer Studio，可帮助大家进行配色设计，如图2-58所示。

此外，也可以通过访问配色站点（见图2-59），在线选择颜色与搭配要求，如单色搭配、互补色搭配、三角形搭配、类似色搭配等。

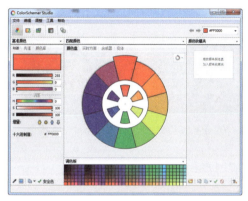

图 2-58　ColorSchemer Studio 软件界面　　　　图 2-59　在线取色界面

第三节　构图设计

导入：电商美工在设计作品时，会遇到一个难题就是该如何构图。从事电商美工的新手，面对构图往往会产生一种乏力感，而优秀的构图不仅能让作品充满美感，而且还能表现出作品的主题思想。

构图设计

一、构图的基本形式

这里有四幅画面（见图2-60至图2-63），大家是否感觉到这些画面或优美，或平静，或动感？那么这些画面在构图方面都遵循了怎样的规律呢？构图的基本形式包括哪些？

图 2-60　构图效果 1　　　图 2-61　构图效果 2　　　图 2-62　构图效果 3　　　图 2-63　构图效果 4

常见的基本构图形式有九宫格构图、对称式构图、对角线构图、三角形构图、引导线构图、水平线构图、垂直线构图、向心式构图等，如图2-64至图2-71所示。

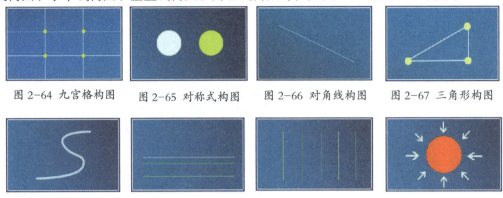

图2-64 九宫格构图　　图2-65 对称式构图　　图2-66 对角线构图　　图2-67 三角形构图

图2-68 引导线构图　　图2-69 水平线构图　　图2-70 垂直线构图　　图2-71 向心式构图

那么，这些构图法的概念是什么？应该如何应用？

二、案例解析

（一）九宫格构图

九宫格构图指的是用水平和垂直的4条线将画面分成9格，将主要元素放在线的交叉点上。"井"字的四个交叉点就是主体的最佳位置，这里的每个点都是视觉的焦点。一般认为，右上方的交叉点最为理想，其次为右下方的交叉点，如图2-72所示。

图2-72 九宫格焦点

图2-73所示的案例，模特、文案均在交叉点的位置，消费者的眼球自然就会被模特吸引过去，而文案内容正好占据了左上角的"趣味中心"，使整个画面在保持舒适平和的同时，突出了模特和文案内容。图2-74所示的案例，产品、文案同样在交叉点的位置，主体非常突出。

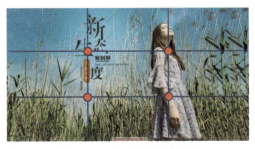

图2-73 九宫格构图效果1

图2-74 九宫格构图效果2

图2-75、图2-76花朵的拍摄、海滩上人物的拍摄均利用了九宫格构图法来突出重点。

图 2-75　九宫格构图效果 3

图 2-76　九宫格构图效果 4

九宫格构图法符合人们的视觉习惯，是最经典的构图方式，使主体自然成为视觉中心，具有突出主体，并使画面趋向均衡的特点。

（二）对称式构图

对称式构图来源于生活，是常用的一种构图技巧，对称式构图一般分为左右、上下和斜向三个方向上大致对称的视觉效果。

下面的案例均为对称构图的方式。使用对称式构图，可以让画面布局更加规整，达到平衡的效果，具有平衡、稳定、相呼应的特点，如图2-77、图2-78所示。

图 2-77　对称式构图效果 1

图 2-78　对称式构图效果 2

图 2-79　对称式构图效果 3

对称式构图的缺点是比较呆板、缺少变化。那如何破除这种负面气质呢？

如图2-79所示的案例，采用了对称构图法，比较巧妙的是，画面在抓拍的时候，右边出现了一道高光——黄色的光，增加了暖色调，打破了冷和平静的感觉，整个画面不显得呆板。

（三）对角线构图

对角线构图是基本的构图方式之一，它把主体安排在画面两对角的连线上，产生运动感、立体感和延伸感。

图2-80、图2-81均采用了对角线构图法，使得整个画面具有纵深感，增强了立体感。

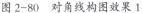

图2-80　对角线构图效果1　　　　　图2-81　对角线构图效果2

利用对角线构图法可以使画面更加富有鲜活力和节奏感。图2-82所示的奔跑运动员，采用对角线构图，使得整个画面充满力量。图2-83所示的水滴，采用对角线构图，产生垂垂欲滴的感觉，吸引人的视线，达到了突出主体的效果。

图2-82　对角线构图效果3　　　　　图2-83　对角线构图效果4

对角线构图法可以使画面更加富有活力和节奏感。

（四）三角形构图

三角形构图是指在画面中把所表达的主体放在三角形中，或影像本身就是三角形。三角形可以是正三角，也可以是斜三角或倒三角，其中斜三角较为常用，也较为灵活。

图2-84、图2-85均采用了三角形构图法，图2-84中的主体本身就呈斜三角形，图2-85中的三朵花构成了三角形。

图2-84　三角形构图效果1　　　　　图2-85　三角形构图效果2

从案例中可以看出，三角形构图既创造了平衡感，又增添了动感。

（五）引导线构图

引导线构图法，即利用线条引导浏览者的目光，使之汇聚到画面的焦点。引导线不一定是具体的线，但凡有方向的、连续的东西，都可以称为引导线。现实中的一条道路、一条小河、一座桥、喷气式飞机拉出来的白线、颜色、阴影，甚至人的目光，不管是实的还是虚的，只要是视觉上的线条都可以是引导线。

图2-86的案例，画面上的道路呈S形曲线的构图形式，具有延长、变化的特点，看上去有韵律感，产生优美、雅致、协调的感觉。

图2-87采用海岸线作为引导线，画面自然优美。

图2-86　引导线构图效果1　　　　　　图2-87　引导线构图效果2

引导线构图使得画面充满美感，使近处和远处的景物相呼应，有机地支撑起画面，同时增加了立体空间感，并且通过引导线引向兴趣点，能够突出主体，烘托主题。

（六）水平线构图

水平线构图是最基本的构图法之一，画面以水平线条为主，水平线构图效果如图2-88、图2-89所示。舒展的线条能表现出宽阔、稳定、和谐的感觉，通常运用于湖面、水面、草原等场景。

图2-88　水平线构图效果1　　　　　　图2-89　水平线构图效果2

（七）垂直线构图

垂直线构图即画面以垂直线条为主。通常在运用垂直线构图时，主体自身就符合垂直线特征，例如树木、一排排的风车等。垂直线在人们的心中是符号化象征，能充分展示景物的高大和深度，如图2-90、图2-91所示。

图 2-90　垂直线构图效果 1　　　　　图 2-91　垂直线构图效果 2

（八）向心式构图

向心式构图是指主体处于中心位置，而四周景物朝中心集中的构图形式。它能将人的视线引向主体中心，并起到聚集的作用。

向心式构图具有突出主体的鲜明特点，但有时也会形成压迫中心，产生局促沉重的感觉，如图 2-92、图 2-93 所示。

图 2-92　向心式构图效果 1　　　　　图 2-93　向心式构图效果 2

以上这些都是构图的基本方法。需要注意的是，一幅好的作品，往往包含多种构图方法。例如，图 2-94 所示的画面既包含了水平线构图，又包含了九宫格构图。图 2-95 所示的画面，既是引导线构图，引导线末端的主体又在九宫格最显眼的位置，在路的尽头出现一道阳光，画面形成了带人入景的效果。

图 2-94　多种构图法综合运用效果 1　　图 2-95　多种构图法综合运用效果 2

第四节　字体设计

导入：一个成功的海报设计或专题页面，除了具备出彩的配色，构图、创意等，还有一个非常重要的因素——字体。同样的素材，同样的配色，但不同的字体运用会让页面呈现出不同的效果，甚至有天壤之别。那么在电商设计中应如何选择合适的字体，如何应用字体呢？

一、字体的类型

字体是文字的风格样式，也是文化的载体，不同的字体给人的感觉不尽相同，下面具体分析中英文字体各自的分类。

（一）英文字体

英文字体可分为衬线体、无衬线体和其他字体（如手写体）。

衬线体在字母起笔和落笔的地方会有装饰衬线，装饰衬线对于读者的视线有引导作用，外观特征为古典、端庄、传统，图2-96所示为英文衬线体。Times New Roman是人们经常使用的一种衬线体。

无衬线体也称为等线体，顾名思义，无衬线体没有装饰衬线，笔画粗细一致。无衬线体外观特征为客观、朴素、线条清晰、均匀有力，作为一种等线字体，它展示了没有经过任何修饰的字母骨架，如图2-97所示。Arial是人们经常使用的无衬线体。

图2-96　衬线体

图2-97　无衬线体

手写体带有强烈的书法特色，如图2-98所示，字体笔画连贯、流畅，但用于正文可能存在识别性差的问题，会降低读者的阅读效率。手写体通常适用于比较特殊的设计案例，例如婚礼、音乐会等。

图2-98　手写体

（二）中文字体

在中文字体中，两个有代表性的分类——宋体和黑体，分别对应衬线字体和无衬线字体，此外，也有书法类等其他字体。

宋体类（衬线体）字体，笔画有粗细变化，而且一般是横细竖粗，末端有装饰部分，点、撇、捺、钩等笔画有尖端，常用于书籍、杂志、报纸印刷的正文排版。图2-99所示为宋体类字体。

黑体类（无衬线体）字体也称为方体或等线体。黑体笔画粗壮有力，撇捺等笔画不尖，使人易于阅读。由于其醒目的特点，常被用于标题、导语、标志等。图2-100所示为黑体类字体。

工匠精神　工匠精神

图 2-99　宋体类字体　　　　图 2-100　黑体类字体

书法体是中国传统书体的数字化版本，例如行书、楷书、隶书、魏碑，应用非常广泛，如图2-101所示。

图 2-101　书法体

二、字体的选择与应用

在选择字体时，电商美工需要考虑整个设计项目的受众，切实定位受众的喜好，根据不同目标受众的需求来选择合适的字体，下面重点介绍无衬线体与衬线体的选择与应用。

（一）无衬线体的使用

无衬线体比较方正，笔画醒目，并且粗细一致，无论是中英文都能传递直接干练的气质特点。

无衬线体使用范围非常广泛，可塑性很强。例如，男性商品海报常常选择用笔画粗的黑体类字体，表现出硬朗、粗犷、稳重、力量、运动、简约的感觉，如图2-102、图2-103所示。

图 2-102　无衬线体使用效果 1

图 2-103　无衬线体使用效果 2

电商大促海报经常使用无衬线体，例如"方正粗黑""方正谭黑""造字工房力黑"等，这些字体能表现出激情、动感力量，造成视觉冲击，如图2-104所示。图2-105所示的海报还采用倾斜、文字变形等方式达到促销效果。

图 2-104　无衬线体海报设计效果　　　　图 2-105　无衬线体倾斜、变形效果

（二）衬线体的使用

衬线体的笔画有粗细变化，衬线字体在文化、艺术、生活、女性、美食、养身等领域所传达出来的气质要比无衬线体强。

女性字体常常采用衬线体，纤细、秀美、线条流畅，字形有粗细等细节变化，表现出女性柔软、飘逸、秀美等气质，显得有韵律，例如化妆品海报、女士服装海报通常选衬线体，如图 2-106，图 2-107 所示。

图 2-106　衬线体在化妆品海报中的使用效果　　图 2-107　衬线体在女士服装海报中的使用效果

文艺、民族风作品，也更多采用衬线体，如"方正清刻本悦宋简体""方正启体简体"等，表现优美、复古、典雅高贵的气质（见图 2-108），一些杂志封面也较多采用衬线体（见图 2-109）。

图 2-108　衬线体在文　　　图 2-109　衬线体在杂志中的使用效果
艺作品中的使用效果

（三）书法体的使用

书法体是中国传统书法的数字化版本。书法体具有强烈的个性，介于黑体与宋体之间，介于信息与图形之间。图2-110所示的海报使用了书法体，使得画面更加自然。

图 2-110　书法体在海报中的使用效果

三、文字层级的布局

在电商美工设计中，根据文字的地位可将文字划分为不同的层级，例如大标题、小标题、正文等，处于不同层级的文字对字体的要求也不尽相同。一张作品只有层级清晰，才能表现出画面中的主次关系。

一般来说，可以将字体分为三种层级。

第一层级是首要文字，也就是大标题。第一层的字体一定要有足够的吸引力，将读者的注意力吸引过来。在选择文字字体时要注意其醒目性和独特性。

第二层级是次要文字或主题，包括小标题、说明文字、引题、导语等。次要文字在标题之后正文之前，一般要比首要文字小，但比正文文字大。

第三层级是正文，为正文选择字体的目的是让读者轻松舒适地进行阅读，所以清晰易读是首要原则。

如图2-111所示，"京东眼镜节"属于第一层级内容，用于吸引注意力；"最高满1000减500"属于第二层级内容，用于说明活动的优惠力度；活动主题与活动时间等信息为第三层级内容，用于告诉客户本次活动的具体时间等信息。

图 2-111　三种层级文字的布局效果

第五节　留白

导入： 在电商美工实践中，很多卖家要求设计出高大上的作品。合理利用留白，可让电商作品简约大气。本节主要介绍什么是留白、为什么要留白及如何留白。

留白

一、什么是留白

（一）留白的来源

"留白"一词来源于我国水墨画，在我国的水墨画作品中非常讲究留白，很多艺术大师往往都是留白的大师。留白最有代表性的一幅作品是宋代马远创作的《寒江独钓图》（见图2-111），我们可以看到这幅画上一叶扁舟，一位老翁俯身垂钓，寥寥数笔勾出水纹，四周虽然都是空白，但让人觉得江水浩渺，空白之处有一种耐人寻味的境界。这就是利用了留白而产生的效果，留白在现代设计中的应用也非常广泛。

图 2-112　寒江独钓图（宋·马远）

（二）留白的概念

很多人都认为留白就是留出白色，其实这是留白最常见的误区。留白的真正含义是指在作品中留出相应的空白，这里的空白指的是空间。因此在留白设计中可以留出白色，也可以是一片灰色或其他颜色，还可以是渐变或带有纹理的、没有过度装饰的背景图形等，如图2-113、图2-114、图2-115所示。

图 2-113　留白设计效果 1

图 2-114　留白设计效果 2

图 2-115　留白设计效果 3

二、为什么要留白

留白这样的区域对作品表现有什么作用呢？

我们举例来说明留白的重要性，以下是两张海报，图 2-116 是一张常见的超市海报，图 2-117 是一张苹果 iPad 海报。

图 2-116　超市海报

图 2-117　苹果 iPad 海报

从设计的角度来看，你觉得哪张更专业呢？毫无疑问，苹果的海报设计更专业更好看。这两张海报最大的区别在于超市海报空间饱满，苹果手机海报有大量的留白。

那么，留白到底有什么作用呢？

（一）突出主题

留白的第一个作用是突出主题。这里有两幅画面，我们可以看到，图 2-118 的画面，有非常多的船和绿色植物，还有弯弯曲曲的河道；而图 2-119 的画面中，只有一大片河水，角落有一些绿色植物。

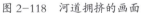

图 2-118　河道拥挤的画面　　　　图 2-119　突出主题"船"的画面

你觉得哪一张的主体更加突出呢?

显然,图 2-119 的画面更加突出船这个主体。图 2-118 的画面实在不知道突出的主题是什么,什么都想突出,反而什么都不能突出。我们看到广告视觉传达作品中,很多作者总是希望把画面挤得满满的,生怕浪费了一寸空间,画面的拥挤反而使人难以认清它的主题。

我们再来看图 2-120 和图 2-121,这两张照片有大量留白,是不是感觉瞬间就被主体吸引到了呢?

图 2-120　突出主体的留白效果 1　　　图 2-121　突出主体的留白效果 2

像在图 2-121 中,明明天空的面积占据了整个画面,但我们第一时间看到了大鹰。刻意留出足够的空间,可以创造出一个强大的焦点。

讲到留白,必须提到一个经典的案例——无印良品地平线海报(见图 2-122)。

图 2-122　无印良品地平线海报

整个海报没有多余的元素、没有广告语、没有解释性的文字,大面积的留白,反而让观众的视线、注意力集中在了"无印良品"几个字上,更能体现韵味和空间感,这种设计简化了页面,更加凸显了"无印良品"的品牌特性。

（二）提高质感

留白的第二个作用是提升品质、提高质感。敢于大胆留白，是对自己的品牌、产品的一种自信。

图2-123是香奈儿的海报，只有商标、产品与简单的文案，这样留有大面积空间的产品展示，就是在暗示"我很高大上，我很贵"。它不需要像促销海报那样把价格、折扣放到非常醒目的位置，甚至我们都看不到任何的价格信息。

图 2-123　高品质产品海报

图2-124是促销海报，刚好相反，画面非常饱满，主体就是价格信息与产品信息。

图 2-124　促销海报

大面积留白设计能传达出作者对产品十足的信心。所以，奢侈品的网页、海报设计通常都有大量的留白，让产品本身为自己代言。

三、怎样留白

在设计中，留白应该怎么用，才能让作品看起来高大上呢？

（一）运用KISS原则

如果想用留白的技法来设计一个画面，需要理解一个原则，也就是KISS（keep it simple and stupid）原则，即简单就是美的原则。元素越少，人的视觉注意就越不会被其他的元素所抢走，也就是"少即是多"的道理。

使用留白的一种方法就是去掉设计中不必要的元素。

图2-125是一张非常常见的页面设计，有标题、图片与文字说明，但缺乏吸引力，主题不够突出，我们如何把"你们知道了，但是我们做到了"这个主题凸显出来呢？

你们知道了，但是我们做到了。

杰克·韦尔奇 **1960** 年在 **GE** 公司开始自己的职业生涯，**1981** 年成为该公司的第八任董事长兼 **CEO**。在任期间，**GE** 公司的市值增长到 **4000** 亿美元，高居世界第一。

图 2-125 常见的页面设计效果

我们运用KISS原则，将主人公的生平介绍删除，只剩下标题与主人公的图片，留出大面积的黑色，如图2-126所示。这样的设计有没有吸引到你，让你觉得主题非常凸显呢？

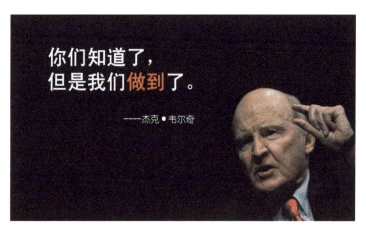

图 2-126 运用 KISS 原则的设计效果

（二）留出足够的空间

留白的第二种方法是留出足够的空间。例如，我们找到了一张海报背景图片素材，但是发现如果要在这张图片中置入文案，会显得很拥挤，如图2-127所示。这时我们可以尝试扩大这个图像尺寸，留出足够的空间，如图2-128所示。留白的增加使得整个海报显得非常简约、大气。

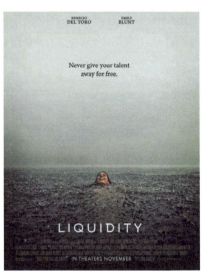

图 2-127　拥挤的海报设计　　　　图 2-128　运用留白的海报设计

再来看一个案例，假设现在我们完成一个封面的设计，当我们使用打印机打印作品时，打印出来的图片在四周会留下白色的边框，而且我们比较难控制四周的边距，甚至会产生这四个边距都不一样的情况，影响效果，如图2-129所示。

图 2-129　打印后四周留出白色边框的效果　图 2-130　运用留白的封面设计

这时我们可以通过缩小图片，让图片远离页面的边距，反而把白色的边框纳入背景中，其实是留出了大量的空间，如图2-130所示，其一可以添加文本，其二则轻而易举地解决了白边的问题。通过留出足够的空间，将打印机打印不到的白色边缘融入背景中，这是留白设计中的又一个技巧。

（三）注意营销的视角

大量的留白可以表达自信，增强产品的品质感，但它也存在负面效应——在高大上之余失去亲和力。留白虽然是一剂改善视觉效果的良药，但应该根据产品的市场定位、目标人群与营销方案去定夺留白程度。

再回到前面的两个例子，即超市海报和苹果手机海报，从设计的角度来看，苹果手机海报明显更专业，但从营销的角度来看，两张都是对的设计。超市广告应该更多地传递实惠的信息与热闹的调性，所以设计师要把这方面的气质传递出来，不一定非要用留白来设计，留白反而会适得其反。

图2-131和图2-132是"618"的促销海报。促销海报需要传递促销信息，给人亲民的感觉，营造出"我很实惠，很便宜，快来买买买吧"的效果。

图 2-131 　"618"促销海报设计效果 1 　　　　图 2-132 　"618"促销海报设计效果 2

节日海报，需要传递的是热闹、喜庆的感受，这些场景，慎用大面积留白。所以我们在做设计简化的同时，需要考虑品牌本身的调性。

【实践题】完成一幅留白作品的设计。

本章小结

1.设计的基本原则包括亲密性、对齐、重复和对比原则。

2.色彩可分为非彩色和彩色两大类别，彩色具有三个属性：色相、饱和度和明度，不同的色彩带给人不同的情感体验，电商美工可采用风景取色法或工具取色法等进行配色设计。

3.常见的构图形式包括九宫格构图、对称式构图、对角线构图、三角形构图、引导线构图、水平线构图、垂直线构图、向心式构图等。

4.字体分为衬线体与无衬线体。无衬线体适用于男性海报与电商大促海报等，衬线体在文化、艺术、生活、女性、养身等领域应用广泛。在电商海报设计中，要注意文字层级的布局。

5.留白是指在作品中留出相应的空白（空间）。留白，不仅可以突出主题，而且能提升质感。在进行留白设计时，通常采用三种方法，即运用KISS原则、留出足够的空间、注意营销的视角。

推荐书籍

1.罗宾·威廉姆斯.写给大家看的设计书：第4版［M］.北京：人民邮电出版社，2016.

2.原研哉.白［M］.北京：中信出版社，2021.

3.朝仓直巳.艺术·设计的平面构成［M］.林征，林华，译.南京：江苏科学技术出版社，2018.

本章习题

第二章习题

第三章　产品拍摄

学习要求

　　产品拍摄是电商美工的工作内容之一。想要拍摄出好的产品图，就需要对相机有一定的认识，在拍摄前，要了解产品的特点与要求，根据不同的拍摄物，调整不同的布光方式，还要学会产品的摆放和搭配，背景的选择与处理等。

　　本章讲解数码相机基础及产品拍摄的辅助器材，介绍产品的摆放与基本构图，以及室内静物拍摄和室外人像拍摄。

第一节　数码相机基础

　　导入： 在开始进行产品拍摄之前，需要了解相机的分类，镜头的分类和影响成像的关键因素，这样才能将产品"美"的一面展现在客户面前。

■ 数码相机
基础

一、数码相机分类

数码相机按照专业性质可划分卡片机、准专业相机和专业相机。

（一）卡片机

卡片机机身轻巧，价格低廉，拍照模式由机内程序控制，是初学者的首选相机，如图3-1所示。但与专业相机相比，卡片机成像效果一般。另外，手机因操作简单，携带方便，成为大众摄影的首选，并且随着手机摄像头的发展，手机与卡片机的成像质量正逐步缩小。

（二）准专业相机

与轻巧型卡片机相比，准专业相机具有相对完善的拍摄功能，可以自定义调节参数，但这类相机在设计时往往绑定了机身与镜头，因此，也称为不可换镜头相机。此类相机中，也有一些高端的机型内置了可变焦段的镜头，成像效果甚至可以媲美专业的单反和微单相机，是进阶摄影师和外出摄影工作者的绝佳帮手，如图3-2所示。

（三）专业相机

专业相机一般包含单反相机和微单相机，两者均可更换镜头，有更多的参数调节，成像效果佳，价格相对昂贵，是专业摄影师的最佳选择，如图3-3所示。

图3-1 卡片机　　　　　图3-2 准专业相机　　　　　图3-3 专业相机

二、镜头分类

（一）根据焦距长短分类

镜头是相机重要的组成部分，根据焦距的长短即拍摄时的视角，可以分为广角镜头、标准镜头及长焦镜头。

1.广角镜头

广角镜头顾名思义就是其摄影视角比较广，视角大于人眼视角的镜头。适用于拍摄范围较大的景物，有时用来刻意夸大前景表现，表现出极强的透视效果，能很好地将场景和主题结合到一起，适合电商摄影中的海报拍摄。

2.标准镜头

标准镜头的视角约50度，这是人的头和眼不转动的情况下单眼所能看到的视角，从标准镜头中观察到的景物与我们平时所见的景物基本相同。

3.长焦镜头

长焦镜头可以有更长的拍摄距离，这就意味着可以在很远的距离悄无声息地拍摄，因此多用于足球赛、野外动物等场景的拍摄。长焦镜头景深较小，容易使背景模糊，主体突出。但相对广角镜头来说，对物体的表现力要弱得多。

（二）根据焦距是否可变分类

根据镜头焦距是否可变，可分为定焦镜头和变焦镜头。

1.定焦镜头

定焦镜头特指只有一个固定焦距的镜头，只有一个焦段，或者说只有一个视野。定焦镜头没有变焦功能，相对于变焦镜头来说，最大优势是对焦速度快且准确，成像质量好。

2. 变焦镜头

变焦镜头的焦距可以在较大范围内进行变化，在拍摄距离不变的情况下，能在较大幅度内调节拍摄的成像比例及透视，因此一个变焦镜头可起到若干个不同焦距的定焦镜头的作用。

三、影响成像的关键因素

影响摄影成像的关键因素包括ISO、光圈和快门。

（一）ISO

在胶片时代，ISO（感光度）指的是胶片对光的敏感程度。测量这种灵敏度的刻度有100、200、400等，数值越低表明对光的敏感度越低。所以，如果拿到一卷ISO 100胶卷，由于它对光线相对不敏感，往往需要在明亮的灯光下拍摄。一卷ISO 400胶卷适合在较低的光照条件下使用，例如在室内拍摄。

在胶片时代，ISO指的是使用胶片的物理质量，在数码摄影时代，它是相机内部的一个电子过程，指的是ISO控制相机传感器对光的敏感度。ISO数值越低，照片越暗；数值越高，照片越亮。但要注意的是，ISO越高，照片产生的噪点也就越多，如图3-4所示。

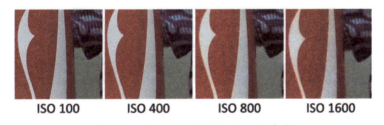

图 3-4　不同 ISO 的数值与噪点的关系

（二）光圈

光圈是拍摄时镜头打开的大小，光圈的大小直接影响到进光量和景深，光圈是以"f/"标注的。例如f/2.8、f/4、f/5.6、f/22等。f/值改变一档，镜头中开孔的大小会变为当前大小的一倍或一半，进光量也随之增加一倍或减少一半。

"f/"后的数字越小，则光圈越大，进光量越多；反之，"f/"后的数字越大，则光圈越小，进光量越少。相同的ISO与快门条件下，光圈越大画面也就会越亮。昏暗环境下或室内没有强光源拍摄时，建议使用较大的光圈。在光线充足的情况下或拍摄风景时，一般使用较小的光圈，如图3-5、图3-6所示。

图 3-5　大光圈效果　　　　　　　　图 3-6　小光圈效果

改变光圈会对拍摄造成众多影响，其中最值得注意的是景深问题。景深是指相机能够取得清晰图像的成像所测定的被摄物体前后距离范围。大景深意味着照片无论远近，静物大部分都是清晰的；小（或浅）景深意味着照片中只有一部分画面是清晰的，其他画面都被虚化掉了。大光圈会减少景深，小光圈会增加景深。f/2.8属于大光圈，常用于营造背景模糊的浅景深；使用f/16小光圈，拍摄主体与背景均比较清晰，如图3-7所示。

图 3-7　光圈的效果比较

（三）快门

快门是镜头前阻挡光线进来的装置，快门速度代表着曝光时间的长短。快门速度越快，进光量越少；快门速度越慢，进光量越多。通常在光线充足的条件下，所需的曝光时间较短；在光线不足的状况下，所需的曝光时间较长。长时间曝光需要搭配三脚架来稳定相机，避免影像产生晃动的残影。

常见的快门速度有：1，1/2，1/4，1/8，1/15，1/30，1/60，1/125等，相邻两级快门速度的曝光量相差约一倍。

此外，还有B快门和安全快门，B快门是自己控制快门开启的时间长短，在按下快门键时快门开启，直到放开快门键后快门才会合上。安全快门是一个避免手持晃动而造成影像模糊的最慢快门值。

快门与成像之间的关系是：曝光时间短，画面是冻结静止的状态，如图3-8所示；而当曝光时间拉长，影像将会记录下一整段的运动轨迹，如图3-9所示。

图3-8　曝光时间短的照片效果

图3-9　曝光时间长的照片效果

第二节　拍摄辅助器材

导入： 在拍摄电商作品时，通常需要一些摄影器材来辅助整个拍摄工作，使之顺利进行，不同的拍摄场景如外拍人像、棚拍静物和棚拍人像，会使用到不同的辅助器材。

拍摄辅助器材

一、外拍人像辅助器材

电商外拍以人像为主，外拍摄影组一般会由两个人组成，即摄影师和助手，摄影师负责拍摄，助手负责景色选择和光影制造。在外拍时，摄影师需要带上相机、镜头、足够一天拍摄的电池、额外的储存卡和机顶闪光灯（可用小型LED常亮灯代替）。在白天拍摄时，可以省略闪光灯。摄影师助手可带上金银两面反光板和遮光板。

（一）机顶闪光灯和常亮灯

在拍摄光线不足的情况下，通常会使用到机顶闪光灯（见图3-10）和常亮灯（见图3-11）。两者之间存在一定的区别，机顶闪光灯的功率大，瞬间能提供很高的照度，对于一些需要"打透"的物品拍摄有很大帮助，如表现一些半透明的物品。但是机顶闪光灯存在一个缺点，即在缺乏经验的情况下，会使模特皮肤变得不自然，并且闪光灯耗电量大，需要准备额外的闪光灯电池。

图 3-10　机顶闪光灯　　图 3-11　LED 常亮灯

常亮灯的优点在于光源是常亮的，且不需要和相机同步，放置的地点更加灵活。另外，常亮灯价格便宜，体积小巧，便于携带，并且常亮灯的电源是充电式的，充电宝可以很方便地为常亮灯续上电源。

（二）反光板

反光板是拍摄时所用的照明辅助工具，通常用锡箔纸、白布、米菠萝等材料制成。反光板一般会有两面，一面金色，一面银色，用来反射太阳光。在背光或顶光的拍摄环境下，光线往往无法直接照到模特脸部，此时需要用反光板辅助照明。金色反光面使光线呈现温暖的感觉，但会有一定的色差，银色反光面反射的白光较为纯净，因此使用更多的是银色反光面，如图 3-12 所示。

图 3-12　反光板

（三）遮光板

遮光板一般是一块可以透光的板，其作用是阻挡过于强烈的阳光，如果拍摄地点靠近赤道或拍摄时间接近正午，由于光线过于明亮，人物或产品可能会出现曝光过度

图 3-13　遮光板

的现象，此时需要遮光板遮挡在模特或产品的上方，过滤掉太强的光线。此外，用闪光灯或常亮灯时，遮光板也可以放置在灯的前面，使灯光更加柔和，如图 3-13 所示。

二、棚拍静物辅助器材

棚拍静物一般只需要一个摄影师即可完成，辅助器材包括静物台、棚拍闪光灯（或常亮灯）、米菠萝及反光板。

（一）静物台

静物台，顾名思义是用来放置拍摄物体的一个台子，背板和底板会以弧形连接，用来消除连接处的阴影，如图 3-14 所示。

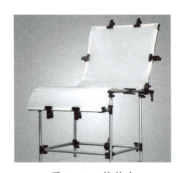

图 3-14　静物台

（二）棚拍闪光灯

棚拍时，应更加注重还原产品本身的色彩，由于常亮灯的光源不是很稳定，更多的时候选择使用棚拍闪光灯。一般我们需要一个高功率和两个低功率的棚拍闪光灯，棚拍闪光灯配件有标准罩、柔光箱、八角柔光箱和灯架等，如图3-15所示。

图 3-15　棚拍闪光灯

（三）反光板和米菠萝

反光板和米菠萝均用来反射光线，其作用是代替一盏低功率的棚拍闪光灯，米菠萝是一块泡沫板，用于光的漫反射，反光板是一块塑料板，进行镜面反射，如图3-16所示。

图 3-16　反光板和米菠萝

三、棚拍人像辅助器材

棚拍人物和棚拍静物所需的器材总体相同，例如，棚拍人像同样会使用到棚拍闪光灯、米菠萝及反光板等配件，另外还需要柔光屏和背景纸。

（一）柔光屏

柔光屏的作用和遮光板相似，都是遮挡一部分光线，但是柔光屏的主要作用是分散光源，使得光线更加柔和，照射范围更广，如图3-17所示。

图 3-17　柔光屏

（二）背景纸

棚拍人像最常用、最基本的场景布置就是用单色无缝背景纸和背景棉纺布作为背景拍摄，与背景纸配套的还有背景纸架。颜色方面，一般选择饱和度比较低的颜色，通常会准备白色、灰色及一块黑色的吸光布。由于布料的吸光特性，在拍摄纯黑背景时，吸光布要比纸质背景纸更合适。不过在

图 3-18　背景纸

童装摄影和拍摄活动海报时，一般会选择颜色较为鲜艳的背景纸，如图3-18所示。

第三节　产品摆放和基本构图

导入： 产品的摆放和构图是影响拍摄效果的重要因素。采用什么样的摆放方式最能体现产品性能、特点和价值，产品拍摄时如何构图，这是拿起相机进行拍摄前需要思考的问题。

📹产品摆放
和基本构图

一、产品摆放

产品摆放大致有两种情形，一种是纯色背景的产品摆放，一种是带背景布景的产品摆放。

（一）纯色背景的产品摆放

进行纯色背景的产品拍摄时，通常将产品摆放至镜头的正中心。这是因为，第一，镜头中间是相机解析力最强的区域，可以得到最好的成像效果，且可以呈现产品全貌；第二，中心点是光线最均匀的地方。

同时，建议所拍的产品约占整个画面的1/9，也就是说，我们将画面分成九等分，产品处于中间的那一格，如图3-19所示。这样做的目的是留出大片的空间，便于后期处理。

图3-19　九宫格

那么，产品占比这么小，放大后会不会出现模糊的现象？

如果拍摄时使用全幅相机，那么拍摄的像素是足够的，而且电商页面不需要使用很大的图片来进行展示，因此并不用担心画面清晰度不够的问题。但如果相机是C画幅的，或要求所拍摄的照片呈现产品更多的细节，建议可以适当放大产品在画面中所占的比例。

（二）场景搭建的产品摆放

如今，越来越多的产品拍摄需要进行小物品的搭配，使画面达到需要呈现的氛围，省去后期场景合成这一步骤，如图3-20所示。

场景搭建一般会分成背景、中景和前景。背景用于确定拍摄的氛围基调，例如，童装拍摄会选择棉麻或清新格子的背景布，男装则会使用水泥、木板等比较硬朗的背景。中景一般和产品处在同一平面的位置，用较小的道具进行点缀，例如仿真水果、玩偶等。当画面元素足够的时候，一般不会用到前景，如图3-21所示。

场景搭建拍摄时，通常会有两种摆放方式，一种是将产品置于正中间位置，理由和纯色背景一样；另一种是将产品置于画面的3/5处，这样可以避免画面呆板的情形，并且画面留白对后期制作海报非常友好。需要注意的是，在画面的空白处，要放上相对应的中景物品来平衡整个画面的视觉，如图3-22所示。

图3-20　产品摆放案例1　图3-21　产品摆放案例2　　　图3-22　产品摆放案例3

二、人像构图

（一）人像在画面中的位置

电商摄影中，通常会利用九宫格构图法将人物的焦点即模特的眼睛或脸与画面的黄金分割点对齐，当人物的脸或眼睛处于这个位置时，画面呈现出平衡、舒适的感觉，如图3-23所示。

（二）人像所占的比例

电商摄影中，人物所占画面的比例一般不超过2/3，如图3-24所示。由于室外拍摄是人物和景色结合的一种拍摄方式，因此，在较好地呈现主体的同时，应尽量留出更多的画面给环境，避免将人像拍得太满，当然，特写拍摄除外。

图3-23 人像构图　　　　　图3-24 人像占比

第四节 室内静物拍摄

导入：拍摄电商产品看似简单，要拍好却不容易，所谓"入门易，精通难"。想要提高产品拍摄技能，就要做好场景选择、布光和拍摄角度的选择等。

室内静物拍摄

一、场景选择

（一）工作台

拍产品照需要搭建一个工作台，否则衬景和被摄道具将无处摆放。拍一般的产品照片，工作台不需专门做，找一张方桌或写字台即可。

（二）背景

一个好的背景对创作一件成功的作品起着非常重要的作用。背景的作用主要用来衬托实物，质地合适的布帛或素色的纸都是不错的选择。用图钉将其上端钉在墙上，让其下端随势垂直悬挂下来，再缓缓地斜铺到桌面上，即构成了一块无缝连地衬景（见图3-25）。此时将被摄产品搁置到布（纸）上，不会有地平线痕迹，画面也不会产生割裂现象。当然，也可以用静物台进行拍摄，操作非常简便（见图3-26）。

对于一些比较小的实物，可以使用一个衬底来代替，黑色的天鹅绒会是不错的选择，因为它能够吸收光线，使衬底看起来是纯黑色的（见图3-27）。

图 3-25 背景　　　　图 3-26 静物台　　　　图 3-27 衬底

二、布光

光线是所有摄影的基本元素，没有光线就没有照片，得到好的光线，摄影就成功了一半。在布光上要求做到光线指向明确、阴影明暗恰当。

（一）光线指向明确

光线指向明确是指画面光影不杂乱，通过阴影的走向可以判断画面的主光来源于几点左右方向，且并无其他光源干扰。这类画面更加符合人的视觉习惯，在布光时，要确定主光源，让画面影调有条理，符合逻辑。

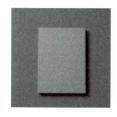

图 3-28　较重阴影

（二）阴影明暗恰当

阴影对于塑造体积感是极其重要的，缺乏阴影的画面，将会失去存在感。

但这并不意味着阴影越重越好。单灯的画面效果会使背光面非常暗。如图 3-28 所示，可以发现画面的右侧和下方显得有些突兀。

此时需要有光线来补充阴影区域，需要注意的是，应尽量避免在阴影区域过于随意地补充光线，产生两个或多个阴影。

三、其他注意事项

（一）三脚架的使用

三脚架是摄影中比较重要的辅助工具。与手持拍摄相比，三脚架能使相机保持在最稳定的状态，从而避免了因相机抖动而造成的模糊，得到最清晰的照片。

使用三脚架和快门线，一方面便于更好地观察和拍摄对象，同时也可以使图像的聚焦点前移，背景虚化，如图 3-29 所示。

（二）拍摄角度

一旦使用了三脚架，由于位置固定，容易导致所有的照片均出自同一拍摄角度。此时需要注意调整角度和高度，不要让固定位置限制了创造力。以平视、俯视或仰视等不同角度拍摄时，产品会呈现出不一样的感觉。

图 3-29　背景虚化效果

（三）元素间的结合

各种创作元素间的组合，对于拍摄一幅独一无二的、精美的电商作品是非常重要的。应考虑如何使作品中的各种元素达到最佳组合，确保在画面中只有主体和背景，不存在分散注意力的元素。在拍摄时也可以尝试使用创造性思维来改变元素的组合，如图 3-30 所示。

图 3-30　元素组合

第五节　室外人像拍摄

导入：室外人像拍摄是电商摄影师较为常见的拍摄手法，镜头、光线和环境等因素均会影响人像拍摄效果。

■ 室外人像
拍摄

一、镜头选择

室外拍摄要注意人物和背景的结合，并学会合理使用太阳光。

在室外拍摄时，通常会携带24~70焦段镜头作为挂机头，因为这个镜头包含了24、35、50这三个人像经典焦段。使用24焦段拍摄较大场景的人像，使用35焦段拍摄人物的全身和较大比例的半身照，使用50焦段拍摄人物的上半身照片，使用70焦段来拍摄细节。

有条件的情况下还可以携带85和135焦段，用米拍摄远景或虚化背景。

二、光线选择

在外拍时，尽量选择正侧光进行拍摄，即光线在模特的正面偏左或偏右位置，这样能保证模特、衣服有着充足的光线，侧方位的光线使模特脸上出现恰当的阴影，更有立体感。此时，甚至不需要借助任何器材，只要一台相机就可以拍摄出不错的照片，如图3-31所示。

拍摄背光的照片时，由于光线在模特的背面，模特脸部较暗，此时需要使用反光板，将模特背后的光线反射到模特的正面，如图3-32所示。

图 3-31 光线充足拍摄效果　　　图 3-32 光线在背面的拍摄效果

室外拍摄要尽量避开正午，因为此时的光线是顶光，容易导致模特头顶发亮，而脸部阴影厚重，效果较差。在不得已要在正午拍摄的情况下，需用到反光板和遮光板，将遮光板放置在模特头顶来过滤掉太强的光线，同时将反光板放置在模特的正面下方，使光线反射到模特脸上和衣服上，如图3-33、图3-34所示。

图3-33 遮光板置于模特头顶　　　　　图3-34 遮光板置于模特头顶的拍摄效果

最适合拍摄的时间是太阳和地面呈45°角的时候，一般是早上9点至10点半、下午3点至4点半，应选择这两个时间段拍摄较为重要的产品。

一般不建议晚上拍摄人像，因为常亮灯和闪光灯会带来较大的色差，但傍晚时分，很适合拍摄有大片意境的照片。

三、环境选择

环境选择是室外拍摄需要考虑的重要问题。休闲度假类的衣服和产品，一般选择在树林、草地、花丛、海边或酒店等色调清新、能让人放松的场所进行拍摄；潮流或大气的衣服、箱包或其他偏正装的衣帽服饰，一般选择在街道进行拍摄；而在电商发达的城市，会选择在摄影基地进行拍摄，因为摄影基地景物多变，适合绝大多数产品的拍摄。

另外，外拍还要考虑行人等因素，尽量避开行人比较多的地方进行拍摄，保证照片的背景较为干净，如果无法避开人群，可以选择墙面或门进行小场景的拍摄。

本章小结

1.数码相机按照专业性质可划分卡片机、准专业相机和专业相机。ISO、光圈和快门是影响摄影成像的几个关键因素。

2.拍摄常用的辅助器材包括闪光灯、反光板、遮光板、静物台、柔光屏、背景纸等。

3.产品的摆放和拍摄构图是影响产品拍摄的重要因素。

4.室内静物拍摄包括场景的布置、布光及合适的拍摄角度。

5.室外人物拍摄涉及镜头的选择、光线的选择和环境的选择等。

推荐书籍

1.刘君武.商业摄影核心课：产品静物拍摄从入门到精通（全彩）[M].北京：电子工业出版社，2019.

2.斯蒂夫·斯托克曼.拍摄手册：77种方法让你的影片更完美[M].北京：人民邮电出版社，2021.

本章习题

第三章习题

第四章 Photoshop图像美化

学习要求

　　Photoshop是电商美工的必备软件，利用好Photoshop这款专业的图像处理软件，能在很大程度上起到美化商品，吸引顾客的作用。

　　通过本章的学习，读者能够了解Photoshop在网店美工中的应用，熟练使用Photoshop进行抠图、修图与调色，最终学会使用Photoshop美化商品。

第一节　Photoshop快速入门

　　导入：Photoshop是应用最广泛的图像处理软件之一，它提供了灵活多变的图像制作工具，强大的图片处理功能，广泛运用于平面设计、数码后期处理、电商美工等领域。电商平台的商品图片常用Photoshop工具来进行美化处理，使用Photoshop可以对图像进行修饰、对图形进行编辑、对色彩进行调整等。此外，Photoshop还有绘图和批处理等功能，是电商美工的必备软件。

Photoshop
快速入门

一、Photoshop工作界面

　　学习一个软件最开始便是熟悉它的工作界面，启动Photoshop后，即可进入软件操作界面。包括菜单栏、选项栏、工具箱、图像窗口及控制面板等，如图4-1所示。

图4-1　Photoshop操作界面

二、打开图像

在Photoshop中打开文件的方法有很多，既可以用菜单"文件"—"打开"命令打开，也可以用快捷键"Ctrl+O"打开，还可以直接将图像拖至软件界面中打开，大家可以根据实际情况进行相应的选择。

三、修改图像尺寸

通过摄影得到的商品照片的宽度和高度基本都是1000像素以上，这样的大尺寸图片往往并不能直接用于电商平台，因为过大的图片不仅会降低网页加载的速度，还会在合成、加工和制作图像的过程中，使软件的处理速度变慢，大大降低工作效率。

还有一个关键的原因是，每个电商平台都有相应的图像尺寸规定。因此，商品照片后期处理往往需要修改图像的尺寸。操作要领如下。

（1）用Photoshop打开一张商品图片，如图4-2所示。

（2）选择菜单"图像"—"图像大小"，弹出"图像大小"对话框，如图4-3、图4-4所示。

（3）修改图像的宽度为800像素，则图像的高度会自动进行修改，如图4-5所示。设置完成后，单击"确定"按钮，可以看到图像效果。

图 4-2 用 Photoshop 打开图片　图 4-3 在"图像"中选择"图像大小"

图 4-4 "图像大小"对话框

图 4-5 修改图像尺寸

【思考题】如何解除比例锁定，调整图像大小为800像素×700像素？

提示：如果只需要修改图像的宽度或高度，在"图像大小"对话框中点击宽度和高度左边的链条，解除宽度和高度的锁定，即可随意更改宽度或高度的值。

四、重构商品照片

在电商美工设计时，常常需要对商品照片进行裁剪操作。Photoshop 中的裁剪功能不仅可以对商品照片进行重新构图，还能通过使用拉直水平线功能让商品得以端正展示。操作要领如下。

（1）用 Photoshop 打开一张商品图片，如图 4-6 所示。

图 4-6　用 Photoshop 打开图片

（2）使用"裁剪"工具在图像窗口中单击并拖曳，调整裁剪框的位置和大小，将商品框选到裁剪框中。双击裁剪框，即可完成图像裁剪，如图 4-7 所示。

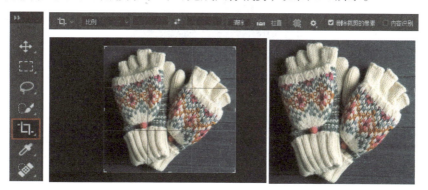

图 4-7　用 Photoshop "裁剪工具" 裁剪图片

五、校正倾斜图像

在拍摄商品照片的过程中，有时会因为拍摄环境或拍摄器材的限制，而使拍出的照片画面倾斜。此时，利用 Photoshop 中的"裁剪工具"就可以解决这个问题。"裁剪工具"中的拉直功能可以快速重新定义商品照片画面的水平或垂直基线，以一定的角度对照片进行旋转裁剪。操作要领如下。

（1）用Photoshop打开一张商品图片，如图4-8所示。

图 4-8　用 Photoshop 打开图片

（2）在工具箱中选择"裁剪工具"　，再在选项栏中单击"拉直"按钮　，使用鼠标在照片中单击并沿着画面中的水平或垂直方向进行拖曳，重新绘制画面的水平或垂直基线，如图4-9所示。

图 4-9　用"裁剪工具"中的"拉直"按钮调整图片后的效果

（3）在图像窗口中可以看到绘制的直线末端会显示出旋转裁剪的角度，释放鼠标后，Photoshop 会根据绘制的基线创建一个带有一定角度的裁剪框，此时裁剪框中的图像将显示出平稳的视觉效果，如图4-10所示。

（4）如果对拉直的效果不满意，可以再次单击"拉直"按钮，反复绘制水平或垂直基线，直到获得满意的拉直效果。

（5）拉直画面后，还可以将鼠标放在裁剪框的边缘，单击并拖曳来调整裁剪框的高度和宽度，裁剪掉多余的部分，使商品得到平稳且集中的展示，如图4-11所示。

图 4-10　反复绘制水平或垂直基线　　　　图 4-11　裁剪掉多余部分的图片展示效果

六、图像保存

（一）Photoshop常见图像格式

PSD格式：PSD是Photoshop默认的文件格式，可以保留文档中的所有图层、蒙版、通道、路径、未栅格化的文字、图层样式等。通常情况下会将文件保存为PSD格式，便于后续继续修改。其他Adobe应用程序，如Illustator、InDesign、Premiere等可以直接置入PSD文件。

GIF格式：GIF是基于在网络上传输图像而创建的文件格式，支持透明背景和动画，被广泛地应用于网站传输。

JPEG格式：JPEG是由联合图像专家组开发的文件格式，它采用压缩方式，具有较好的压缩效果，但是将压缩品质数值设置得较大时，会损失掉图像的某些细节。JPEG格式支持RGB、CMYK和灰度模式。

PNG格式：PNG是作为GIF的无专利替代品开发的，可对用于Web显示的图像进行无损压缩。与GIF不同，PNG支持24位图像并产生无锯齿状的透明背景，但某些早期的浏览器不支持该格式。

（二）图像保存

图像保存操作要领如下。

（1）在完成图像编辑后，点击"文件"菜单中的"存储为"按钮，弹出"另存为"对话框，如图4-12、图4-13所示。

图 4-12 选择"文件"菜单中的"存
储为"按钮

图 4-13 文件"另存为"对话框

（2）在"保存类型"下拉框中，选择需要保存的文件格式即可。

【操作题】根据上述介绍的图片格式，选择不同的文件类型进行保存，观察文件属性和文件大小的情况。

（三）利用"另存为"命令减小文件占用空间

图片的文件格式与文件大小的关系非常密切。同一张图片保存成 TIFF 格式，将比保存成 JPEG 格式大得多。这是因为 JPEG 格式适当压缩了图片，使得文件更小，但以略微降低视觉质量为代价。根据电子商务网站后台对设计图和商品照片的格式要求，在大部分情况下都会使用 JPEG 格式的图片。

将其他格式的图片文件转换为 JPEG 格式，通常可以节省较大的存储空间。操作要领如下。

（1）在 Photoshop 中打开一张商品照片，执行"另存为"菜单命令，将文件重新存储为 JPEG 格式，打开"JPEG 选项"对话框（见图 4-14），一般将图像的"品质"设为"高"。同时，还可以调整品质值的大小，数值越小，压缩比越大，图像品质值越小，文件所占的存储空间也就越小；反之，品质值越大，文件存储空间也就越大。

（2）在操作后查看文件的属性，可以发现文件占用的空间减小，但是照片的质量用肉眼很难发现有较大的改变。因此，用"另存为"命令降低文件空间占用量是一项非常有效的操作。

【操作题】调整 JPEG 图像选项中的品质值，观察文件大小优化情况和图像质量变化。

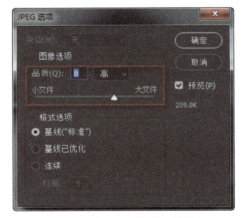

图 4-14 "JPEG 选项"对话框

第二节　图像抠取

导入：拍摄商品后，往往需要更改商品的背景，或者将不同背景的图像进行合成处理，这就需要使用抠取图像的技术。

■ 图像抠取

一、纯色背景的抠取

在拍摄商品的过程中，有时会使用某一种颜色的背景进行拍摄（见图4-15），然而现在越来越多的电商平台要求商品的最佳背景颜色为白色（见图4-16），这就需要将商品抠取出来，更换颜色。

图4-15　带有背景颜色的商品图

图4-16　白色背景商品图

如果商品背景颜色单一，且商品与背景的颜色存在较大的差异，就可以使用"魔棒工具"进行抠取。

（一）什么是魔棒工具

魔棒是一种基于颜色差异来构建选区的工具。

（二）魔棒工具的适用范围

当商品的背景颜色变化不大，且商品图像边缘轮廓清晰，与背景存在一定的颜色差异时，使用该工具可以快速地将商品图像抠取出来。

（三）魔棒工具抠图的操作要领

1.打开图片

首先用Photoshop打开一张颜色分界线比较明显的图片，如图4-17所示。

2.选择"魔棒工具"

单击鼠标选择工具栏的"魔棒工具"图标，也

图4-17　选择图片

可以使用快捷键"W"选择，如图4-18所示。

3.设置属性

如果商品的背景颜色不是纯色的，而是相似颜色，此时需要设置魔棒工具的属性，第一个要设置的属性是"容差"，默认值是32。容差越小，选择的区域越小；容差越大，选择的区域越大。勾选"消除锯齿"复选框可以使选区更平滑，取消勾选"连续"复选框可以选择图片中不连续的区域，如图4-19所示。

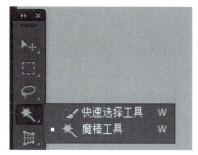
图4-18 选择"魔棒工具"

图4-19 设置容差

提示："容差"是影响"魔棒工具"性能最重要的选项，它决定了哪些像素与选定的像素点在色调上是相似的。当该选项的参数值较小时，只能选中色调与鼠标单击点像素非常相似的少量像素。该选项的参数值越大，对像素相似程度的要求就越低，因此，选中的像素就越多。在抠取前应当先观察商品照片背景中颜色的相似程度，通过设置多个不同的"容差"值来判断选区的选取范围，力求找到一个最佳的容差值，将商品图像完整而准确地抠取出来。

4.选择绿色背景区域部分

使用"魔棒工具"，在绿色背景区域单击鼠标左键，选择绿色背景区域部分，如图4-20所示。

5.反选抠图区域

完成了魔棒工具的抠图操作，按"Shift+Ctrl+I"反选，抠出的效果如图4-21所示。

6.更换背景

新建一个背景为白色的图像，将选取的包包拷贝到新文件中，形成最终的效果，如图4-22所示。

图4-20 选择绿色区域背景部分

图4-21 反选抠图区域

图4-22 白色背景最终效果

【思考题】将"魔棒工具"中的"容差"值放大，选择的范围将变大还是缩小?

【操作题】利用"魔棒工具"，完成产品背景图像的抠取操作。

二、外形规则商品的抠取

有些商品的外形比较规则，如足球（见图4-23）、画框等，应该如何抠取呢?

对于这些外形较为规则的商品，如椭圆形、正圆形、长方形或正方形的商品，可以使用Photoshop 中的"椭圆选框工具"或"矩形选框工具"进行快速抠取。

（一）操作要领

图 4-23　选择足球图片

（1）选择足球图片，用Photoshop打开商品图像素材，如图4-23所示。

（2）选择"椭圆选框工具"，如图4-24所示。

（3）鼠标左键框选椭圆盘，大致将选区画好。从蚁线可以看出，椭圆选框并没有将足球全部选中，此时，右击鼠标，选择"变换选区"命令调整选区的大小，直至选中整个足球，如图4-25、图4-26、图4-27所示。

（4）通过复制命令"Ctrl+J"，即可复制出一个足球图像，如图4-28所示。

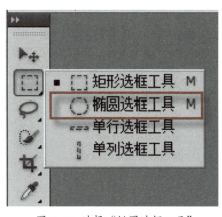

图 4-24　选择"椭圆选框工具"

图 4-25　创建足球选区

图4-26 选择"变换选区"功能　　图4-27 调整选取范围　　图4-28 复制足球图像

提示： 对于正圆形状的图像，拖动鼠标画圆的同时按住"Shift"键，画出的圆即是正圆。

当拍摄的商品外观为长方形或正方形时，使用"矩形选框工具"进行抠图是一种较为快速有效的方法。具体方法与"椭圆选框工具"类似，应用案例如图4-29、图4-30所示。

图4-29 选择"矩形选框工具"抠图　　图4-30 矩形工具抠图运用效果

【思考题】如何利用Photoshop绘制正方形图像？

【操作题】利用选框工具完成产品图像的抠取。

三、外形不规则商品的抠取

导入： 店铺装修中的大部分商品的外形都是不规则的，对于不规则形状的商品，应如何抠取呢？

（一）"多边形套索"工具使用

1.适用范围

如果商品的外形轮廓主要是由直线组成的多边形，那么可以使用"多边形套索工具"来进行抠取，如图4-31所示。

图4-31
多边形图片

"多边形套索工具"可以创建直线构成的选区，适合选取边缘为直线、棱角分明的对象，如包装盒、积木、衣柜等。使用"多边形套索工具"在需要抠取的商品图像外形轮廓的各个拐角点位置单击，将单击的起始点与结束点重合在一起，即可创建封闭的多边形选区。

2.操作要领

（1）用Photoshop打开商品图像素材。

（2）选择"多边形套索工具"，如图4-32所示。

（3）从一个拐角点开始单击，沿着商品边缘绘制直线。即依次在每个拐角点上单击鼠标，将起始点与结束点重合在一起，如图4-33所示。

（4）按快捷键"Ctrl+Shift+I"反向选区，如图4-34所示。

（5）按"Delete"键删除背景图像，如图4-35所示。

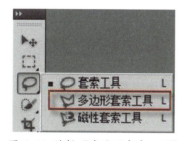

图4-32 选择"多边形套索工具"

图4-33 沿商品边缘绘制直线

图4-34 反向选区

图4-35 删除背景图像

【操作题】利用"多边形套索工具"，完成产品的抠取。

（二）"磁性套索工具"使用

1.适用范围

在店铺装修中，对于外形轮廓边缘清晰且与背景反差较大的任意外形商品，可以使用"磁性套索工具"来进行抠取。

"磁性套索工具"可以自动检测图像的边缘，通过跟踪对象的边缘快速创建选区。

2.操作要领

（1）用Photoshop打开商品图像素材。

（2）选择磁性套索工具。"磁性套索工具"选项栏（见图4-36）中的"宽度""对比度""频率"是三个较为重要的选项，它们会影响工具的使用效果。"宽度"是指工具检测的宽度，它决定了鼠标周围有多少个像素能被工具检测到；"对比度"决定了选择图像时，商品图像与背景图像之间有多大的对比度才能被工具检测到；"频率"指添加锚点的数量，如图4-37所示。

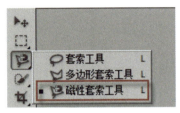

图4-36 选择"磁性套索工具"

图4-37 "磁性套索工具"选项栏

（3）从一个拐角点开始单击，在商品边缘移动鼠标，在鼠标经过的位置将自动放置锚点来定位和连接选区。如果想要在某一点手动放置一个锚点，可以在鼠标经过该点的时候单击。如果锚点的放置位置不准确，可以按下"Delete"键将其删除，如图4-38所示。

（4）由于深色的背景对浅色商品的周边会有一定的影响，可以使用收缩选区的方法对选区进行调整。点击"选择"—"修改"—"收缩"命令，设置收缩量为2像素，如图4-39、图4-40所示。

（5）按快捷键"Ctrl+Shift+I"反向选区，如图4-41所示。

（6）按"Delete"键删除背景图像，如图4-42所示。

图4-38 选择图片

图4-39 设置收缩选区

图 4-40　选择毛巾边缘　　　　图 4-41　反向选区　　　　图 4-42　删除背景

在使用"磁性套索工具"抠取图像时，商品图像与背景图像的色调与明度一定要有较大的差异，否则工具不能准确定义商品图像的边缘，将影响抠取的最终效果。

【思考题】磁性套索工具和魔棒工具的区别是什么？

【操作题】利用磁性套索工具，完成产品的抠取。

四、商品的精细抠取

有时候，产品的外观比较复杂，为了让抠取出的商品图像边缘平滑、准确，达到更加精细的效果，使用"钢笔工具"无疑是最佳的方法。

"钢笔工具"绘制的路径有极其明确的边界线。对于边界非常光滑的对象，如汽车、电器、家具、金饰、瓷器等，使用"钢笔工具"往往可以得到满意的抠取效果。

下面，通过抠取爱心图形来熟悉"钢笔工具"的基本使用方法。

（一）用"钢笔工具"抠取普通图片

（1）用 Photoshop 打开爱心图像素材，如图 4-43 所示。

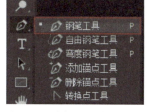

图 4-43　选择爱心图片　　　图 4-44　选择"钢笔工具"

（2）选择"钢笔工具"，选择"路径"模式，如图 4-44、图 4-45 所示。

图 4-45　选择"路径"模式

（3）使用钢笔工具创建第一个锚点。在图形左侧点击鼠标左键，并向上拖动，绘制上下调节线。此时，按住"Shift"键可以绘制 45°角的调节线，如图 4-46 所示。

（4）在图形左上侧同时按住"Shift"键和鼠标左键，创建第二个锚点，并绘制左右水平调节线，如图 4-47 所示。

（5）按住"Alt"键的同时，使用鼠标分别拖动锚点两侧的调节点，调整曲线的曲度，以更加贴近图像边缘，如图4-48所示。

（6）使用相同方法，绘制其他锚点。在两个锚点之间，将鼠标移动到锚点间的曲线上，鼠标出现"+"时可以添加新的锚点。同时按住"Ctrl"键和鼠标左键，可以移动新的锚点至图像边缘。同时按住"Alt"键和鼠标左键，移动调节点的角度，使曲线更加贴近图像边缘，如图4-49、图4-50所示。

（7）绘制剩余的其他锚点，并闭合路径，如图4-51所示。

图4-46 创建第一个锚点

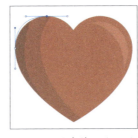
图4-47 创建第二个锚点

图4-48 调整调节点位置

图4-49 绘制其他锚点

图4-50 调整曲线曲度以贴近边缘

图4-51 闭合路径

【思考题】钢笔工具中，"Shift""Ctrl""Alt"快捷键分别可以实现哪些功能？

（二）用"钢笔工具"绘制商品

使用钢笔工具来绘制商品路径的方法如下。

（1）用Photoshop打开商品图像素材。

（2）选择"钢笔工具"，选择"路径"模式，如图4-52、图4-53所示。

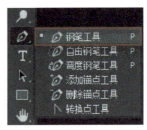
图4-52 选择"钢笔工具"

图4-53 选择"路径"模式

（3）在商品图像的边缘单击，添加一个锚点，再次单击并拖动鼠标添加第二个锚点，依次完成整个商品的轮廓锚点。按"Ctrl"键和鼠标左键移动锚点和调节点的位置，按"Alt"键和鼠标左键调整调节点方向，如图4-54所示。

图4-54　添加锚点

（4）在添加的锚点轮廓中间，点击鼠标右键，在菜单中选择"建立选区"。在"建立选区"对话框中，点击确定按钮，如图4-55、图4-56所示。

图4-55　选择"建立选区"　图4-56　"建立选区"对话框　图4-57　复制已选取图片

（5）复制已经选择的商品，在指定位置粘贴，如图4-57、图4-58所示。

图4-58　粘贴图片到需要的位置

【操作题】利用钢笔工具，完成产品抠取和绘制。

五、模特头发的抠取

服装是众多电商平台的热卖品类，模特尤其是模特头发的抠取成为电商美工的必备技能，用钢笔工具或套索工具很难抠出满意的效果，这里推荐使用通道抠图法。操作要领如下。

（1）用Photoshop打开模特照片，如图4-59所示。

图4-59 打开模特照片

（2）点击"通道"面板，分别查看红、绿、蓝通道，找出模特头发和背景颜色对比度最大的通道，本例为绿通道，如图4-60、图4-61所示。

图4-60 打开"通道"面板

图4-61 选择绿色通道后的效果

（3）复制"绿通道"，点击"图像"—"调整"—"色阶"命令，打开"色阶"对话框，调整黑色滑块和白色滑块的位置，让图片中的亮部区域更亮，暗处区域更暗，即使得头发颜色变得更黑，背景颜色变得更白，如图4-62、图4-63、图4-64所示。

图4-62 复制绿色通道

图4-63 "色阶"对话框

图4-64 调整背景颜色

（4）按"Ctrl+I"快捷键，将颜色反向。选择"画笔"工具，设置前景色为白色，调整画笔工具栏不透明度为100%。将需要保留的模特脸部和衣服涂成白色，如图4-65、图4-66所示。

图4-65　颜色反选　　　　　　　　　图4-66　将模特脸部和衣服涂成白色

（5）按"Ctrl"键的同时，鼠标左键点击"绿拷贝"通道左侧的缩略图，创建模特选区。在通道中选择RBG模式，回到图层面板，按"Ctrl+J"快捷键创建模特复制图层，至此就完成了模特及模特发丝的抠取，如图4-67所示。

（6）置入背景图片，将背景图层放置于"图层1"的下方。按"Ctrl+T"快捷键，使用"自由变换"命令，调整背景的大小和位置，如图4-68所示。

图4-67　图层面板操作　　　　　　　　图4-68　置入背景图片

六、特定颜色的抠取

有时候，需要对商品中特定颜色部分进行选取，此时，可以使用"色彩范围"命令来快速完成。

"色彩范围"命令可以根据图像的颜色和影调范围创建选区，并且提供了较多的控制选项，具有更高的精准度。操作要领如下。

（1）用Photoshop打开商品图像素材，如图4-69所示。

图4-69 打开商品图像素材

（2）点击"选择"—"色彩范围"命令，在"色彩范围"对话框中使用"吸管工具"提取衣服表面的颜色，并根据灰度预览图中的显示效果调整参数，点击确认后，在图像窗口中可以看到衣服表面被框选到了选区中，如图4-70、图4-71、图4-72所示。

图4-70 选择"色彩范围"　　图4-71 "色彩范围"对话框　　图4-72 将衣服表面框选到选区中

（3）单击调整面板中的"色相/饱和度"按钮，创建"色相/饱和度"调整图层，调整"色相"选项改变选区中衣服的颜色，如图4-73、图4-74、图4-75所示。

 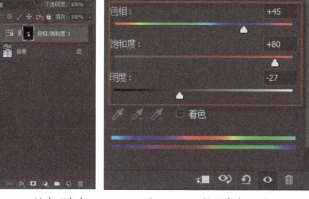 

图 4-73 创建"色相 / 饱和度"调整图层 　　图 4-74 调整"色相 / 饱和度"调整图层效果 　　图 4-75 调整后的衣服颜色效果

　　使用"色彩范围"命令选取特定颜色区域时，要注意选取"吸管工具"吸取的图像位置，同时把握好"颜色容差"选项的参数值，这样才能更精准地控制图像的选取范围。此外，除了能选择特定颜色的图像，在"色彩范围"对话框的"选择"下拉列表中，还可以通过预设的选择对象，选择照片中高、中、低不同明暗区域的图像。

　　【操作题】利用Photoshop工具，完成操作题素材产品的抠取。

第三节　色彩调整

　　导入： 商品照片的色彩呈现效果是影响消费者对商品第一印象的关键因素。色彩暗淡、画面灰暗的商品照片难以激发消费者的购买欲望，商品照片的色差问题甚至会引发交易纠纷。因此，电商美工需要对商品照片进行调色，还原其真实的色彩。

色彩调整

一、恢复商品的真实色彩

　　在拍摄商品的过程中，因为光线与相机的原因，难免会存在色差问题，例如，在日光灯的房间里拍摄的影像会发绿，在室内钨丝灯光下拍摄出来的景物会偏黄，而在日光阴影处拍摄到的照片则偏蓝，不能真实表现商品原本的色彩，造成消费者对商品的判断失误，进而导致退换货等问题。这就需要应用Photoshop工具进行校色处理。

（一）工具选择

对于偏色的问题，可以采用Photoshop"白平衡"工具进行校色。

（二）操作要领

（1）用Photoshop打开一张偏色的照片，如图4-76所示。

图 4-76 打开一张偏色照片

（2）点击菜单"图像"—"调整"—"色阶"命令，打开"色阶"对话框，如图4-77、图4-78所示。

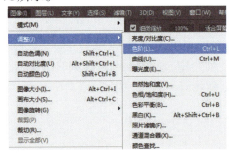

图 4-77 选择"色阶"命令

图 4-78 "色阶"对话框

（3）在色阶对话框右边有三个吸管，从左到右分别代表黑色、灰色、白色，把照片中的黑白灰三色调节准确，照片整体的色彩自然就准确了。在本案例中，商品是在白色的背景上拍摄的，此时，只要选择白色吸管，在背景上单击，即可完成校色，达到正常的效果，如图4-79所示。

图 4-79 调色完成效果

【思考题】对于偏色严重的照片，应该如何处理呢？

图4-80 偏色严重的图片

提示：对于偏色非常严重的照片，要采用多个吸管组合使用的方法。图4-80的照片偏色严重，完全无法勾起客户的食欲。先用"色阶"对话框中的白色吸管在盘子上单击，发现照片色彩进行了一定程度的校正，但效果不够理想；此时，再选择黑色的吸管进行调整。那么，图片中哪个位置是黑色的呢？

图4-81 调整后的图片效果

小技巧：图片的阴影一般而言是黑色的，因此，用黑色的吸管单击盘子左上角的阴影区域，立刻达到了如图4-81所示效果，让人垂涎欲滴。

【操作题】利用Photoshop工具，调整产品偏色效果。

二、让照片摆脱"灰色阴影"

在使用数码相机拍摄商品时，如果照片曝光不准，照片有时好像蒙了一层灰白色的雾，这会影响拍摄效果。

当遇到以上情况时，可以通过Photoshop对商品照片的色阶进行调整，使其恢复到正常的视觉效果，便于商品形象的塑造。操作要领如下。

（1）用Photoshop打开一张曝光不准的照片，如图4-82所示。

图4-82 打开一张曝光不准的照片

（2）点击菜单"图像"—"调整"—"色阶"命令，打开"色阶"对话框，如图4-83所示。从图4-84的直方图可以看出，照片的高光区域缺失。

（3）在"色阶"对话框的"输入色阶"中直接拖曳滑块调整参数，在调整的过程中查看照片中图像的明暗变化。调整色阶后的照片效果如图4-85所示。

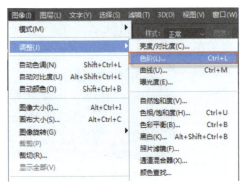

图4-83 选择"色阶"功能

图4-84 "色阶"参数

图4-85 调整色阶后的照片效果

在Photoshop中除了使用"色阶"命令可以调整照片的明暗和层次，还可以使用"亮度/对比度""曲线""曝光""高光/阴影"等命令有效改善商品照片在曝光、对比度等方面存在的问题。

【操作题】利用Photoshop，完成产品效果的调整。

三、突出玻璃制品晶莹剔透质感的调色技巧

在拍摄玻璃材质的商品时，拍摄出的照片经常会因为拍摄光线的问题而显得灰暗，此时，可以使用Photoshop对照片中的商品进行后期的调色，还原玻璃制品晶莹

剔透的感觉。操作要领如下。

（1）用Photoshop打开一张光线灰暗的玻璃瓶照片，如图4-86所示。

图4-86　打开一张光线灰暗的玻璃瓶照片

（2）复制背景图层，将复制后背景图层的混合模式更改为"滤色"。调整"不透明度"为50%，以提升亮度，如图4-87、图4-88所示。

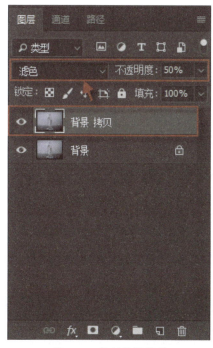

图4-87　复制背景图层

图4-88　提升照片亮度

（3）创建"曝光度"调整图层，通过调整"属性"面板中的"曝光度""位移""灰度系数校正"参数来提升画面明部和暗部之间的对比度，增强玻璃材质的通透感，如图4-89、图4-90、图4-91所示。

图4-89 选择"曝光度"　　　图4-90 "曝光度"对话框　　　图4-91 增强照片通透感

（4）创建"曲线"图层，选择"预设"下拉列表中的"强对比度（RGB）"选项，曲线会自动变成S形，增强画面中玻璃瓶的层次感，呈现出较强的立体感和透明感，如图4-92、图4-93、图4-94所示。

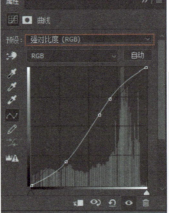

图4-92 选择"曲线"命令　　图4-93 "强对比度（RGB）"对话框　　图4-94 增强照片层次感

创建"曝光度"和"曲线"调整图层，是为了提升图中商品明部和暗部之间的对比度，同时保持中间调图像的亮度不变，从而得到层次感和立体感都较为理想的画面。

【操作题】利用Photoshop工具，完成产品效果的调整。

第四节　文字编排与图形绘制

导入： 为了向消费者完整传递商品的外观、功能、属性等信息，文字和图形在电商美工中起到了举足轻重的作用。文字除了具有表意功能之外，还能起到装饰作用。图形作为商品装饰元素，能增强页面的艺术感。根据店铺风格、店铺品牌、商品等选择字体和修饰图形，可以提页面整体的设计效果。

■ 文字编排与
　图形绘制

一、文字的添加与设置

使用"横排文字工具"和"直排文字工具"为网店装修设计图添加上所需的文字。操作要领如下。

（1）新建Photoshop文档。

（2）选择工具箱中的"横排文字工具"，在"文字"工具栏中，选择"幼圆"字体，并设置文字大小为44点，在文本框中输入文字内容，如图4-95、图4-96、图4-97所示。

图4-95　选择"横排文字工具"

图4-96　设置文字大小

图4-97　幼圆44点字体字号效果

（3）在"文字"工具栏中，选择"Arial"字体，并设置文字大小为19点，在文本框中输入文字内容，如图4-98所示。

图4-98 Arial 19点字体字号效果

（4）选择工具箱中的"横排文字"工具，在段落文字区域拖曳创建文本框。在"文字"工具栏中，选择"幼圆"字体，并设置文字大小为23点，在文本框中输入文字内容，如图4-99、图4-100所示。

图4-99 在段落文字区域创建文本框

图4-100 在文本框中输入内容

（5）打开"字体"属性面板，可以设置行间距、字间距、文字颜色等更多属性，如图4-101、图4-102所示。

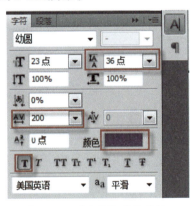

图4-101 "字体"属性面板

图4-102 设置行间距、字间距、文字颜色后的效果

【操作题】利用文字工具，完成产品设计效果。

二、绘制规则形状的修饰图形

修饰图形是用于辅助表现商品的一种设计元素。在商品详情页中，商家通过修饰图形来增加页面的艺术感，增加消费者的阅读兴趣，使商品产生较强的视觉效果，获得消费者的好感。

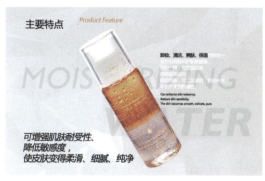
图 4-103 未使用修饰图形的图片效果

图 4-104 使用修饰图形的图片效果

由图4-103、图4-104可见，在设计时，用修饰图形进行简单的辅助和点缀，能呈现较好的视觉效果。修饰图形主要包括矩形、圆形、圆角矩形、多边形等。可以使用Photoshop的形状工具来绘制规则形状。操作要领如下。

（1）新建Photoshop文档。

（2）选择工具箱中的"矩形"工具，在"形状"工具栏中，可以设置绘制形状的大小、比例、样式、颜色等参数。按住"Shift"健，可以绘制矩形。使用自由变换工具，可以调整矩形的角度，以创建菱形等形状，如图4-105、图4-106、图4-107所示。

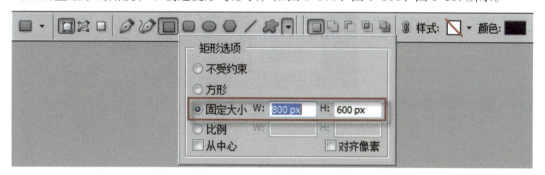
图 4-105 矩形选项参数设置对话框

图 4-106 绘制矩形并旋转

图 4-107 矩形应用效果

（3）选择工具箱中的"椭圆"工具，在"形状"工具栏中，可以设置绘制形状的大小、比例、样式、颜色等参数。按住"Shift"健，可以绘制正圆形状，如图4-108、图4-109所示。

图 4-108 绘制圆形

图 4-109 圆形应用效果

（4）选择工具箱中的"圆角矩形"工具，在"形状"工具栏中，可以设置绘制形状的大小、比例、样式、颜色等参数，如图 4-110、图 4-111 所示。

图 4-110 绘制圆角矩形

图 4-111 圆角矩形应用效果

（5）选择工具箱中的"多边形"工具，在"形状"工具栏中，可以设置绘制"边"值为 7，绘制多边形，如图 4-112、图 4-113 所示。

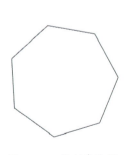

图 4-112 绘制多边形

图 4-113 多边形应用效果

（6）选择工具箱中的"多边形"工具，在"形状"工具栏中，设置星形复选框，设置绘制"边"值为 5，绘制五角星形，如图 4-114、图 4-115、图 4-116 所示。

图 4-114 "多边形"对话框

图 4-115 绘制五角星形

图 4-116 五角星形应用效果

【思考题】修饰图形的基本图形有哪几类？如何选择每种修饰图形的适用场景？

三、添加自定义形状让画面内容更丰富

在电商美工设计中，纯粹使用规则的形状来进行装饰和布局无法满足店铺装修要求，可以使用Photoshop的自定义形状工具来绘制不规则形状。操作要领如下。

（1）新建Photoshop文档。

（2）选择工具箱中的"自定义形状工具"，点击"形状"右侧的下拉框，接着点击形状面板右侧的箭头，在菜单下方选择需要载入的预设形状类型，并选择需要绘制的自定义形状，在画布上绘制，如图4-117、图4-118、图4-119、图4-120所示。

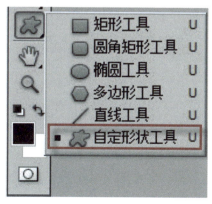

图 4-117 选择"自定义形状工具"

图 4-118 选择自定义形状

图 4-119 绘制心形

图 4-120 心形应用效果

对于绘制出的自定义形状，如果想要更改其外观，可以使用"直接选择"工具，单击形状边线以显示出形状锚点，单击锚点可显示锚点的方向控制杆。此时单击锚点并拖动，可移动锚点位置；单击方向控制杆的端点并拖动，可调整形状的外观。

【操作题】利用图形工具，完成修饰图形设计效果。

第五节　特效制作

导入：电商美工设计时，经常需要对已经拍摄好的商品图片添加各种特殊效果，突出商品的特征和属性。

■特效制作

一、构建景深效果突出的商品形象

在商品拍摄过程中，由于背景较为复杂，拍摄出的照片常常层次不明显，商品在照片中不够突出。通过Photoshop可以对照片进行后期处理，制作出商品的景深效果，突出商品的形象。

Photoshop提供了"模糊画廊"中的"光圈模糊""场景模糊""倾斜模糊"三个滤镜来构造景深的效果。

"光圈模糊"滤镜可以在照片中模拟出真实的景深效果，使用该滤镜可以自定义多个焦点，实现传统相机很难实现的效果。操作要领如下。

（1）在Photoshop中打开商品图像，如图4-121所示。

（2）点击"滤镜"—"模糊画廊"—"光圈模糊"菜单，打开"光圈模糊"设置对话框。在图像中调整模糊光圈的大小和位置，同时设置光圈模糊的值，如图4-122、图4-123所示。

"光圈模糊"滤镜对照片中的玉器周围图像进行了适当的模糊调整，使商品与周围图像形成了对比，构建出明显的景深效果，使商品更加突出，如图4-124所示。

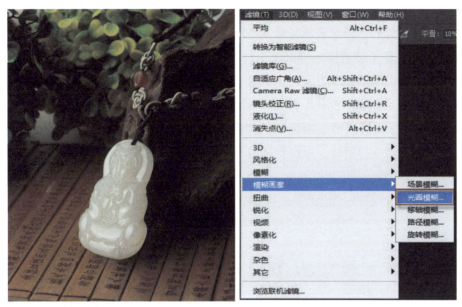

图 4-121　打开商品图像　　　　　　　图 4-122　选择"模糊画廊"工具

图 4-123　"光圈模糊"对话框　　　　图 4-124　经"光圈模糊"调整后的效果

【操作题】利用"模糊画廊"中的"场景模糊"和"倾斜模糊"滤镜，构造产品的景深效果。

二、展示清晰的商品细节

电商美工设计时，商品清晰是最基本的要求。在照片拍摄的过程中，由于对焦等问题，商品局部往往不够清晰。可以使用Photoshop中的锐化滤镜和锐化工具来提高商品的清晰度，增强商品的表现力。

（一）使用"USM 锐化"滤镜

"USM锐化"滤镜将根据指定的量增强邻近像素的对比，使得较亮的像素变得更亮，而较暗的像素变得更暗。操作要领如下。

（1）在Photoshop中打开商品图片，如图4-125所示。

（2）点击"滤镜"—"锐化"—"USM锐化"菜单（见图4-126），打开"USM锐化"对话框（见图4-127），设置其中的参数，得到了如图4-128所示的效果。

图 4-125 打开商品图片

图 4-126 选择"USM 锐化"命令

图 4-127 "USM 锐化"对话框

图 4-128 经"USM 锐化"后的效果

（二）自定义锐化区域的"锐化工具"

"锐化工具"可以自由定义需要锐化的区域。该工具是以画笔的形式出现的，因此与"锐化"滤镜相比，该工具的使用更加随意，适合对商品照片的局部图像进行锐化处理。操作要领如下。

（1）在Photoshop中打开商品图像，如图4-129所示。

图4-129 打开商品图像

（2）点击工具栏中的"锐化工具"，设置锐化区域大小和锐化强度，对商品进行锐化，如图4-130、图4-131、图4-132所示。

图4-130 打开"锐化工具"　　　　　图4-131 "锐化工具"对话框

图 4-132 经"锐化"处理后的图片效果

【思考题】"USM 锐化"滤镜、"智能锐化"滤镜和"锐化工具"三者在应用场景上有何区别？

【操作题】选择合适的 Photoshop 工具，完成产品锐化效果。

三、修补商品表面的缺陷

用天然石材制作的饰品会有随机性的麻点或划痕（见图 4-133），并不是每件饰品上都会有相同的缺陷，为了树立商品的形象，将这些瑕疵清除是不错的选择。接下来介绍如何将这些瑕疵清除，打造出完美的饰品细节展示图。

图 4-133 有瑕疵的图片

（一）工具选择

在图 4-133 中，对于独立且细小的瑕疵，如瑕疵 1，采用工具箱中的"污点修复画笔工具"修复即可得到理想的修复效果。对于周围纹理方向感较为明显的划痕，如瑕疵2，建议使用"仿制图章工具"来修复。

（二）操作要领

（1）用Photoshop打开带有瑕疵的商品图。

（2）选择工具箱中的"污点修复画笔工具"，在其选项栏中进行设置，调节画笔的大小、硬度、间距，并选择"内容识别"，如图4-134、图4-135所示。

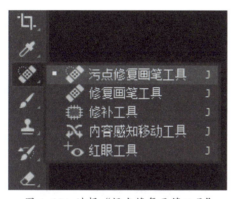
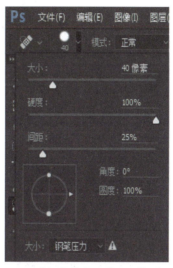

图4-134　选择"污点修复画笔工具"　　图4-135　"污点修复画笔工具"对话框

（3）放大图像，在有瑕疵的串珠图像上进行涂抹，涂抹之后Photoshop自动对瑕疵进行修复，如图4-136所示。重复以上操作，直到得到较为满意的修复效果，具体效果如图4-137所示。

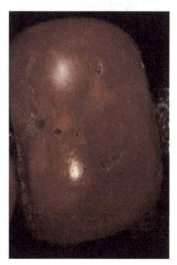
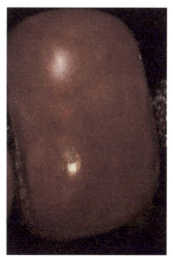

图4-136　放大瑕疵部分　　　　图4-137　反复涂抹后的效果

（4）对于瑕疵2，选择"仿制图章工具"，设置"仿制图章工具"选项栏。如图4-138所示。

图4-138 选择"仿制图章工具"

（5）先按住"Alt"键和鼠标左键在瑕疵附近取样，然后按住鼠标左键对划痕进行涂抹修复，经过多次取样修复，串珠图像纹理清晰、表面光滑，如图4-139所示。

图4-139 处理完瑕疵后的图片效果

【操作题】利用Photoshop工具，完成修复效果。

本章小结

1．Photoshop是电商美工的必备软件，可使用裁剪工具调整图像呈现的区域，使用图像大小命令修改图像的实际大小。

2．使用魔棒工具、套索工具、钢笔工具、通道等实现对不同类型商品外观的抠取。

3．使用"白平衡""色阶"等工具实现商品色彩的调整。

4．使用文字工具、形状工具实现文字编排和图形绘制。

5．综合运用Photoshop工具和滤镜效果实现商品特效制作，使用污点修复画笔工具、仿制图章工具等实现商品的精细修饰。

推荐书籍

1．安德鲁·福克纳，康拉德·查韦斯. Adobe Photoshop CC 2019经典教程[M]. 北京：人民邮电出版社，2021.

2．斯科特·凯尔比. Photoshop摄影师摄影后期处理技法[M]. 朱禛子，译. 北京：人民邮电出版社，2018.

本章习题及案例素材

第四章习题　　案例素材

实战篇

- 电商海报设计
- 主图与直通车图设计
- 详情页设计
- 店铺首页设计

第五章 电商海报设计

学习要求

　　为配合店铺的销售活动，电商美工需要定期设计海报，将产品与店铺展示给顾客。

　　通过本章的学习，理解电商海报的设计标准、实施流程和设计方法。通过典型案例的详解，学会分析海报的设计目标，研究设计思路，最终完成多种品类的海报设计，从而提高电商海报设计与制作的实战能力。

第一节 电商海报设计基础

　　导入：当消费者被各种电商海报和促销信息包围时，海报如何才能脱颖而出，获取更多的点击呢？本节主要介绍电商海报设计的标准、流程与方法。

电商海报
设计基础

一、电商海报设计标准

　　优秀的海报设计都有其内在规律和共性，点击率高的海报必定遵循了这些规律（见图5-1和图5-2）。虽然行业不同，产品不同，文案内容不同，但这些海报具有三个共性：主题清晰、目标人群定位明确、形式美观。

图 5-1 优秀的海报设计效果 1

图 5-2 优秀的海报设计效果 2

（一）主题清晰

优秀的电商海报必然有一个清晰的主题，确定主题后，所有的元素都围绕着这个主题展开，而且主题信息往往被放在视觉焦点上。

例如，营销推广图的主题一般围绕着产品的价格、折扣、活动等展开。图5-3所示的促销海报，"1元抢购"是海报的主题，它处在海报的视觉焦点位置。图5-4所示的海报，折扣信息"全场满400减50"处在黄金分割点的位置，而且通过黑色衬底方式呈现，凸显折扣信息。

图 5-3 主题位于视觉焦点的营销推广图　　　　图 5-4 主题位于黄金分割点的营销推广图

（二）目标人群定位准确

不同的产品所面向的购物人群不同，不同目标人群的审美标准和兴趣爱好也不尽相同，优秀的海报设计，能清楚地认识到自己的产品所针对的购买人群是哪一类，根据人群的审美和喜好来确定海报设计风格。

图5-5所示的海报营销对象是男士，整体采用经典黑风格，构图简约，字体设计庄重大方，符合成熟男性审美需求。

作为同一个品牌的手表，图5-6是为女士设计的海报，背景采用深红色，与表圈表扣的玫瑰金，表带的红色协调统一，凸显出手表独特的镂空设计，展示出唯美别致的效果，体现女士的优雅，能打动时尚女性这一目标群体。

图 5-5 男士手表营销海报设计　　　　　　　图 5-6 女士手表营销海报设计

（三）形式美观

形式美观主要体现在色彩选择、版式和字体设计等方面。

1.色彩

在选择与搭配色彩时，最简单的方式是用色尽量不超过3种，3种颜色的面积按照6：3：1的比例进行分配。

在极简设计时，使用更少的颜色，甚至只用黑白灰的变化来进行设计，如图5-7所示，背景采用灰色，文案选取黑色，非常突出。

2.版式

在电商海报设计中，版式是其中的重点，它对于画面构成起着非常重要的作用。版式就好比一个生物的骨骼。电商海报比较常见的版式有左右结构、上下结构、左中右结构等。

3.字体

字体选择要与产品、海报定位相匹配，同时利用亲密性、对齐、对比等原则进行文案排版，便于浏览者阅读和抓取重点。图5-8所示的海报，使客户一下子就读能到"女装会场，爆款不只5折"等信息，抓住海报的主题。

图 5-7 海报设计中的色彩选择　　　　　　　图 5-8 海报设计中的字体选择

二、电商海报设计流程

(一)前期分析

1.受众分析

要分析广告投放区域的访问人群是什么,了解他们的审美观及消费心理,因为不同年龄及消费能力的人群,审美需求会呈现出较大的差异。根据心理学的投射效应,消费者会把自己想象成画面上的模特,所以,模特的选择要符合目标人群的心理期望年龄。例如,14岁的目标人群,希望自己能成熟一些,海报设计时要选择15、16岁的模特,40岁的目标人群希望自己永远保持年轻,海报设计时要选择30来岁的模特。

2.产品分析

一张海报大多数情况下都会放上产品图片,因此在设计时需要分析产品的价值点和属性差异。有些产品在品质上(如用料、做工等)有明显的优势(见图5-9),有些产品价格非常实惠(见图5-10),有些产品外观很有创意。应通过差异分析,展示出产品的有利特征。

图 5-9 凸显产品品质的海报　　　　　　图 5-10 凸显产品价格的海报

如果产品款式非常新颖,那就应该选择最具代表性的款式或最能抓住买家眼球的颜色来进行展示,并注意呈现的角度和风格,引起买家关注。

3.海报设计目标

在设计海报时,要确定海报的设计目标,是促销广告还是活动广告。促销广告往往以满多少减多少、降价打折、包邮等手段来刺激买家购买,如图5-11所示;活动广告一般是将活动给买家带来的诱惑表达出来,让买家关注或收藏,如图5-12所示。

图 5-11 促销广告海报　　　　　　图 5-12 活动广告海报

品牌形象广告则主要告诉买家你是谁，你有什么独特之处，让买家了解并加深品牌印象。如图5-13所示的iPod touch海报，它不传递价格和折扣信息，它只传递品牌信息。

图 5-13 品牌形象广告

（二）素材准备与沟通讨论

在前期分析的基础上，还要进行素材的准备与沟通讨论。充足的素材、充分的沟通是做好海报设计的前提。

1.素材准备

（1）素材准备的必要性

设计的过程犹如建造房子，需要各种材料，如背景素材、标签、字体等。可以通过网络去搜索、收集素材，也可以借鉴其他网站的广告设计作为参考。充足优质的素材可以为设计奠定基础，同时也会提高设计的效率。

（2）常用的素材站点和设计类站点

①昵图网：http://www.nipic.com。

②千图网：http://www.58pic.com。

③全景网：http://www.quanjing.com。

④致设计：http://www.zhisheji.com。

⑤站酷：http://www.zcool.com.cn。

2.讨论草案

准备好素材后，接下来要讨论在海报中到底需要出现哪些内容，如人物模特、折扣信息、产品图片、活动时间、品牌，甚至按钮等，将所需要的内容进行梳理，绘制出海报的设计草案。

同时，由于海报尺寸有限，海报的文字内容不宜过多，与买家利益相关的信息应该以简短的文字来表达，以引起买家的兴趣和注意。

3.确定风格

海报的风格有很多，如中国风、商务风、科技风、小清新风等，要根据产品受众和设计的定位，确定海报风格。

（三）设计制作

设计是营销策略的外延，是视觉的表达形式。不进行前期分析，不理解策划意图，不进行充分的沟通和准备，很难做好设计。所以要耐心地体验产品，读懂策划，充分沟通，然后进行海报的设计。

海报设计涉及色彩设计（详见第二章）、版式设计、文案设计等。

三、电商海报设计方法

（一）版式设计

1.左右版式

左右版式是最常用的一种版式，占整个电商产品海报设计的80%以上。这里的左右是相对于文案和产品而言的。图5-14采用左边产品右边文案的版式，图5-15采用左边文案右边产品的版式。

图5-14 左边产品右边文案版式设计　　　　图5-15 左边文案右边产品版式设计

2.上下版式

上下版式常见于竖幅海报，如图5-16、图5-17所示。据统计，相比横幅海报，竖幅海报更能促使客户下单，因此，竖幅海报在电商平台中有着非常重要的作用。

图5-16 上下版式设计效果1　　　　图5-17 上下版式设计效果2

3.左中右版式

左中右版式也称为左右对称式，此类版式将文案排在中间，左右两边分别放置产品，如图5-18所示。由于此类海报可放置左右两张产品图，非常适用于产品的多款式、多角度展现。

图5-18　左中右版式海报设计效果

4.自由式版式

除了左右版式、上下版式、左中右版式，其他的统称为自由式版式，自由式版式包括中心环绕式、倾斜式、平铺式等。图5-19所示为倾斜式，常用于节日活动海报，可以产生节奏感和紧张感。

图5-19　倾斜式海报设计效果

（二）文案设计

与产品相比，文案是最直观表达活动定位和运营策略的信息，也是浏览者阅读海报的信息提取点。对齐、对比、分组是文字排版的基本原则。

1.正确的对齐方式

采用对齐排列可以使文案版式整洁、易读，层次清晰。常见的对齐方式有左对齐、右对齐和居中对齐。

图5-20中的文案采用左对齐的方式，图5-21所示的海报文案采用居中对齐的方式。居中对齐在女装海报和活动海报中比较常见。

图 5-20 左对齐文案设计效果

图 5-21 居中对齐文案设计效果

2.足够的对比

在海报设计中，利用对比可以有效地增加画面感。图5-22所示的海报，其主标题、副标题和说明文字，采用了字体大小粗细的对比。

图 5-22 文字大小粗细对比的海报设计效果

3.合理的分组

如果海报中文字太多，可以运用分组的方法，把相同信息的文案放在一起分成一组，这样不但可以让海报富有条理，看上去整洁美观，也更有利于消费者直观地阅读。如图5-23所示，海报的"2档调速/6页刀片/4杯5刀"就归为了一组。

图 5-23 将文案分组的海报设计效果

4.文案与图形的组合

当文字在画面中被弱化的时候，最好的解决办法就是在背景上置入一个几何图形，再调节字体与几何图形的颜色对比，使文字部分突出，如图5-24所示。

这里的几何图形可以是圆形、方形、三角形及一些不规则的形状，如图5-25所示。

另外，也可以通过线框的方式，让文案集中在一个几何框里，建立起文字之间的相关性，使之产生联系，增加文案的可读性。

线框看似简单，但也可以有很丰富的表现形式。添加线框可以起到强调、明确分隔、视觉引导、组织信息、丰富装饰画面等作用，如图5-26所示。

图 5-24　海报文案添加图形背景的效果

图 5-25　在文案中增加多种丰富线框的效果

图 5-26　添加线框的效果

第二节 食品类海报设计

一、设计分析

用Photoshop设计一款体现产品品质及健康理念的全屏芒果汁饮料海报，图像大小为1920像素×800像素，如图5-27所示。

文案内容为：

100%果汁

芒果鲜榨果汁

您身边的热带水果专家

辅助英文说明

图5-27 芒果汁饮料图片素材

（一）难易程度

★★★★★。

（二）产品分析

本款饮料的原材料是芒果，提倡健康、绿色等理念，产品包装采用黄色、绿色搭配，彰显活力，非常适合年轻人选用。

（三）设计思路

做有品质的、健康的芒果汁饮料海报。

（1）背景：为使产品突出、醒目，选择深色背景并结合聚光灯效果。

（2）构图：为体现产品的活力，产品采用小角度不规则倾斜排版方式，同时，采用三角形构图法，保证画面的平衡。

（3）文案：通过色块衬底使文案清晰易读。

（4）特效：通过绿叶表达健康、有机理念，并设置景深，增加空间感。

（四）最终效果

设计后的最终效果如图5-28所示。

图 5-28　芒果汁饮料海报设计最终效果

（五）难点

通过绿叶实现景深效果。

二、步骤详解

（一）新建文件

按快捷键"Ctrl+N"执行"新建"命令，在打开的"新建"对话框中设置文件名为"芒果汁海报"，宽度为1920像素，高度为800像素，分辨率为72像素/英寸，如图5-29所示。

（二）置入产品

执行菜单"文件"—"置入嵌入对象"命令置入素材"芒果汁产品素材.png"，重命名图层名为"产品1"。按快捷键"Ctrl+T"调整产品大小，并将产品放置于图像的中间位置，如图5-30所示。

图 5-29　新建文件对话框　　　　图 5-30　置入产品素材并调整大小

（三）背景处理

1.填充黑色背景

在"产品1"图层下方新建图层，并将图层重命名为"背景"。选择背景色为黑色，按"Ctrl+Delete"键，在图层中填充背景色。在黑色背景上，产品非常突出，吸引眼球，如图5-31所示。

2.调整海报背景的通透度

在"背景"图层的上方创建一个新图层，并将图层重命名为"背景装饰1"。吸取产品中的黄色（#fec801）作为前景色，选择"画笔"工具，设置大小为1100像素，硬度为0，如图5-32所示。用画笔工具单击产品中心处，同时，调整图层的不透明度为70%，提高海报的通透度，如图5-33所示。

3.调整背景的层次感

吸取产品包装上的颜色，在调色面板中适当调整，提亮颜色为（#fbdb64）。新建图层，并将图层重命名为"背景装饰2"，选择"画笔"工具，设置画笔大小为500像素，在产品的中心位置单击，使得背景画面层次更丰富，如图5-34所示。

图 5-31 填充黑色背景

图 5-32 设置画笔参数

图 5-33 提高通透度后的效果

图 5-34 调整背景的层次感后的效果

（四）产品处理

1.增加产品的占比

目前产品在画面中所占的面积偏小，按快捷键"Ctrl+J"执行"复制图层"命令复制图层，并将图层重命名为"产品2"。现画面中饮料数增至两瓶，如图5-35所示。

2.增加产品的活力

如果按照上面的排版，产品显得非常呆板，采用"小角度不规则的倾斜排版"，使产品产生自由跳跃的感觉，同时将产品放置于黄金分割比的位置。按"Ctrl+T"执行"自由变换"命令，调整产品的旋转角度和位置，如图5-36所示。

图 5-35 增至两瓶饮料的效果　　　　　图 5-36 调整产品角度

（五）文案处理

1.输入文案

中文采用"华康方圆体"，英文采用"Source Code Variable"，设置文本颜色为"#014c31"，采用左对齐方式，同时注意文案中字体的大小与粗细的对比，如图5-37所示。

2.在文案下方添加圆形色块衬底

选择"椭圆工具"，设置前景色为"#f4ab10"，按住"Shift"键在文字图层下方绘制正圆，并调整正圆的大小和位置，使文案聚焦且醒目，如图5-38所示。

图 5-37 输入文案　　　　　图 5-38 在文案下方增加色块

（六）其他效果处理

1.置入芒果素材，增加说服力

通过置入"芒果汁素材.psd"，使素材与文案互为解释，同时，采用三角形构图法，使画面趋于平稳，如图5-39所示。

2.增加绿叶，体现健康理念

增加三片绿叶，一是表达健康标识，二是通过叶子设置前景、中景与远景等景深效果，增加空间感。置入素材"芒果叶.png"，按快捷键"Ctrl+J"复制出两个图层，三个图层分别命名为"前景""中景""远景"。

按快捷键"Ctrl+T"执行"自由变换"命令，调整前景、中景和远景的叶子大小，放大前景的叶子，缩小远景的叶子，并使中景叶子的大小介于两者之间。

对于前景的叶子，执行菜单中的"滤镜"—"模糊"—"高斯模糊"命令，设置参数为4.5，产生虚化效果。采用同样的方法调整另外两片叶子，注意使中景叶子的清晰度高于前景和远景，如图5-40所示。

至此，就完成了一张比较有品质的、体现健康理念的芒果汁饮料海报。

图 5-39 置入芒果素材　　　　　　　　图 5-40 芒果饮料海报最终效果

【操作题】完成食品类海报的设计。

第三节　箱包类海报设计

一、设计分析

对图5-41所示的男包用Photoshop设计一款全屏海报（1920像素×800像素），要求简洁大方，产品与文案突出。

男包海报
设计

图 5-41 男包素材

主文案内容：
GENUINE LEATHER
CONTRAST COLOR
副文案内容：
2022 HOT SALE
BEST CHOICE FOR MEN

（一）难易程度

★★★★★。

（二）产品分析

本案例中的男包采用牛皮材质，英伦撞色设计，非常适合商务男士。

（三）设计思路

本案例从海报背景、构图设计、文案设计等方面进行分析。

1.背景

整个海报采用简约风格，选取灰白渐变作为背景色调，使产品与文案非常凸显；

2.构图

采用左文案右产品的对称布局方式，使整个画面构图平稳；

3.文案

采用左对齐方式，使文案内容整洁易读，层次清晰。

（四）最终效果

设计后的最终效果如图5-42所示。

图5-42　男包海报设计效果图

二、步骤详解

（一）新建文件

按"Ctrl+N"快捷键执行"新建"命令，在打开的"新建"对话框中设置文件名为"男包海报"，宽度为1920像素，高度为800像素，分辨率为72像素/英寸，如图5-43所示。

（二）置入男包

执行菜单"文件"—"置入嵌入对象"命令置入素材"男包.png"。

（三）调整素材大小与位置

按【Ctrl+T】快捷键执行"自由变换"命令，调整男包大小，并利用"九宫格构图法"将男包放在参考线"井"字右边交叉点的位置，使产品处于整个海报的视觉中心，如图5-44所示。

图 5-43　新建文件对话框

图 5-44　调整素材大小与位置

（四）背景处理

新建图层，并将图层重命名为"背景"。设置前景色为灰色"#d3d6db"，背景色为白色"#ffffff"，选择"渐变"工具，设置为线性渐变，从上至下绘制海报背景，如图5-45所示。

图 5-45　背景处理

（五）绘制男包阴影

在男包图层下新建一个图层，命名为"男包阴影"，选用"柔角画笔工具"，大小设置为25，不透明度为64%，流量为60%，如图5-46所示。

图5-46　画笔参数调整

在男包底部用黑色画笔进行绘制，接着执行菜单"滤镜"—"模糊"—"高斯模糊"，设置半径为3.2像素，如图5-47所示，效果如图5-48所示。

图5-47　高斯模糊参数调整　　　　图5-48　男包阴影绘制效果

至此，完成了海报的产品与背景处理，接下来进行文案处理。

（六）文案处理

选择"横排文字工具"，主文案颜色取自男包(#273852)，输入主标题"GENUINE LEATHER　CONTRAST COLOR"，设置字体为"Arial"（无衬线体），大小为50，并设置浑厚效果。输入副标题"2022 HOT SALE"，字号调小，并降低其不透明度。主副标题采用左对齐方式。

接着，绘制线段，起到装饰和分割的作用。

文案中的"BEST CHOICE FOR MEN"，设计时用亮色凸显出来，选择"矩形工具"，设置前景色为红色(#d70003)，该颜色同样取自于男包，绘制矩形框。该文案的字体设置为白色，同样取自于男包，整个文案处理效果如图5-49所示。

图 5-49 文案处理效果

至此，就完成了男包海报案例的设计与制作。

【操作题】

（1）完成本案例男包海报的设计与制作。

（2）对图5-50所示的女包用Photoshop设计一款全屏海报(1920像素×600像素)，要求整体设计时尚潮流，展现女性审美需求。

主文案内容：

Sky

New Arrival

欧美大牌奢华盛宴

图 5-50 女包素材图

以下设计思路供参考。

（1）海报背景：鉴于文案中有Sky等字样，可营造出蓝天白云的背景效果。

（2）构图设计：采用左中右结构，较好展示两款女包与文案内容，给人以清晰直观的视觉感受。

（3）文案设计：采用左对齐方式，使文案内容整洁易读，层次清晰。

女包海报设计

第四节　汽车海报设计

一、设计分析

对图5-51所示的奔驰汽车用Photoshop设计一款全屏海报（1920像素×580像素）。

图 5-51 汽车素材

文案内容为：

心意所属　远行相伴

全新梅赛德斯 – 奔驰

成就人生主角

汽车海报设计

（一）难易程度

★★★★☆。

（二）产品分析

本案例的产品是奔驰车，它不同于跑车，跑车的海报主要体现酷炫效果和性能，而本款汽车注重驾乘舒适性，其优点是安静、沉稳、大气，非常适合商务人士。

（三）设计思路

海报的背景选择平静的湖水，营造安静、舒适的效果，通过广角镜头，带给客户心旷神怡的感觉。文案和产品均采用三角形构图法，创造出画面的平衡感。

（四）最终效果图

设计后的最终效果如图5-52所示。

图 5-52 汽车海报设计最终效果

（五）难点

整个意境的营造及光影效果的运用。

二、步骤详解

（一）新建文件

按快捷键"Ctrl+N"执行"新建"命令，在打开的"新建"对话框中设置文件名为"汽车海报"，宽度为1920像素，高度为580像素，分辨率为72像素/英寸。

（二）背景处理

（1）置入素材"风景素材.jpg"，如图5-53所示。

图 5-53 置入风景素材

（2）适当调整背景图像大小，并将图层命名为"背景1"，如图5-54所示。

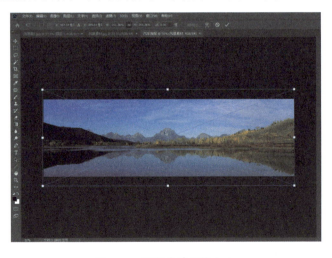

图 5-54 调整背景图像大小

（3）复制背景图层并执行水平翻转，如果仅仅使用一张背景图，视野不够开阔，按住快捷键"Ctrl+J"执行"复制图层"命令复制"背景1"图层，将复制后的图层命名为"背景2"，并对该图层图像执行水平翻转，如图5-55所示。

图 5-55　复制背景图层并执行水平翻转效果

（4）对"背景2"图层添加图层蒙版。选择"画笔"工具，设置前景色为黑色，在图层蒙版中绘制。绘制后使"背景1"图层与"背景2"图层自然过渡，并产生了广角镜头拍摄的效果，如图5-56、图5-57所示。

图 5-56　添加图层蒙版

图 5-57　广角镜头效果

（三）路面效果制作

（1）置入文件"道路素材.jpg"，如图5-58所示。

（2）按快捷键"Ctrl+T"执行"自由变换"命令，调整图片的大小，如图5-59所示。

图 5-58　置入道路素材

图 5-59　调整图片大小

（3）对"道路素材"图层添加图层蒙版。选择"矩形选框"工具，在道路图像的上方区域绘制矩形选区。设置背景色为黑色，按"Ctrl+Delete"填充背景色，如图5-60所示。最终得到了既包含道路又包含风景的图像效果，如图5-61所示。

图 5-60　添加蒙版

图 5-61 道路和风景结合效果

提示：目前道路与风景在色调上存在一定的差异，需要进行色调和明度的处理。

（4）在道路图层上，新建"色彩平衡"图层，调整参数，如图5-62所示，并设置为剪切蒙版，使道路的色调与背景吻合；新建"曲线"图层，调整曲线，如图5-63所示，同样设置为剪切蒙版，并用黑色画笔填涂曲线图层的蒙版，达到整体压暗而中间路面适当提亮的效果，如图5-64所示。

图 5-62 添加色彩　　图 5-63 设置"曲
平衡图层　　　　　线"命令

（四）汽车图像处理

（1）置入素材"汽车.png"，放在合适的位置，如图5-65所示。

（2）在汽车图层下新建一个图层，命名为"阴影"，用钢笔工具绘制汽车阴影区域并填充黑色，如图5-66所示。

图 5-64 调整后的路面效果

图 5-65 置入汽车素材

图 5-66　绘制阴影

图 5-67　修改阴影后的效果

执行菜单中的"滤镜"—"模糊"—"高斯模糊"命令，将参数设置为10像素。添加图层蒙版，用黑色画笔对阴影轮廓部分进行擦除，并调整图层的不透明度为80%。在图层"阴影"上新建一个图层，命名为"重阴影"，调整画笔的流量为61%，不透明度为67%，在汽车的底部进行绘制，达到如图5-67所示效果。

（五）文案处理

（1）采用三角形构图法，如图5-68所示。

图 5-68　三角形构图设计

（2）字体采用"汉仪中宋简"，该字体与奔驰的广告字体比较接近，并对字体进行横向压缩70%的处理，使字体显得细长，文案居中对齐，如图5-69、图5-70所示。

图 5-69　选择字体
并设置参数

图 5-70　文案效果

（六）商标处理

置入素材"logo.png"，放置于图像左上角，并位于垂直参考线内部（465像素，1445像素），将图层命名为"logo"，如图5-71所示。

图5-71 置入商标（logo）

（七）效果处理

（1）在"背景"层上，新建一个图层，并重命名为"光照1"。选择"画笔"工具，设置画笔大小为500像素，流量为61%，不透明度为67%，如图5-72所示，绘制一个白色的圆，图层混合模式设为叠加，不透明度80%。在"光照1"图层上方新建一个图层，重命名为"光照2"。调整画笔工具的参数，设置画笔大小为300像素，流量为90%，不透明度为90%，再绘制一个白色的圆，图层混合模式设为叠加，不透明度60%，效果如图5-73所示。

图5-72 设置画笔参数　　　　图5-73 光照效果

（2）在图层面板最上面新建图层，命名为"镜头光晕"，填充黑色，执行菜单"滤镜"—"渲染"—"镜头光晕"，设置亮度为100%，图层混合模式设为滤色，图层不透明度设置为35%，并用蒙版擦除边缘内容，如图5-74、图5-75所示。

（3）在汽车图层上新建"色彩平衡"图层，调整参数，如图5-76所示。在"汽车"图层和"色彩平衡"图层之间按"Alt"键，设置剪切蒙版效果，增加环境光中的红色与黄色。

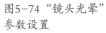

图5-74　"镜头光晕"　　　图5-75　"镜头光晕"效果　　　图5-76　添加"色彩
参数设置　　　　　　　　　　　　　　　　　　　　　　　　　　　　平衡"图层

与图5-77中的汽车相比，由于图5-78中设置了环境光，汽车与整个背景更加融合。

图5-77　未添加环境光的效果　　　　图5-78　添加环境光后的效果

（4）先新建一个图层，选中所有的图层，按住"Ctrl+Alt+Shift+E"，合并为一个新的图层，执行菜单"滤镜"—"其他"—"高反差保留"，设置参数为1.4左右，图层模式为柔光，得到最终的效果如图5-79所示。

图5-79　汽车海报最终效果

至此，就完成了汽车海报的设计与制作。

【操作题】完成汽车海报的设计制作。

第五节　服饰类海报设计

一、设计分析

对图5-80所示的冲锋衣用Photoshop设计一款服装海报（1920像素×800像素），要求简洁大方，产品与文案突出。

■ 服饰类海报设计

文案内容为：

2022 EXPLORER FUTURE

探索·未来

丛林系列冲锋衣

EXPLORE THE FUTRUE FOREST SERISE PIZEX

图 5-80　冲锋衣图片素材

（一）难易程度

★★★★★。

（二）产品分析

本例中选取冲锋衣作为海报素材。冲锋衣是户外运动的必备装备，具有防风、防雨、保暖等良好的性能，因此备受喜欢野外运动的人士的青睐。

（三）设计思路

整体设计思路从海报背景、构图设计、文案设计等方面进行分析。

1.背景

整个海报以高山探险作为主基调，因此我们选取高山、树林、岩石作为背景素材，使整个海报产品与背景基调相一致。

2.构图

采用左文右图的布局方式，使整个画面构图平稳。

（四）最终效果图

冲锋衣最终效果如图5-81所示。

图 5-81 冲锋衣海报效果

（五）技术难点

场景元素的抠取和复杂场景的搭建。

二、步骤详解

（一）新建文件

按快捷键"Ctrl+N"执行"新建"命令，在打开的"新建"对话框中设置文件名为"服装海报"，宽度为1920像素，高度为800像素，分辨率为72像素/英寸，如图5-82所示。

图 5-82 新建文件

（二）置入背景

（1）置入背景素材"天空.jpg"，使用"自由变换"命令，按"Shift"键调整背景图像大小，使其充满整个画布。置入背景素材"山脉.jpg"并使之位于"天空"图层的上方，使用相同方法，使其充满整个画布，如图5-83、图5-84所示。

图 5-83 置入背景素材"天空 .jpg"后的效果

图 5-84 置入背景素材"山脉 .jpg"后的效果

（2）点击图层面板下方的"图层蒙版"按钮，为"山脉"图层创建图层蒙版。选择"画笔"工具，设置画笔大小为250像素，不透明度为30%，流量为40%。选择"山脉"图层蒙版，在天空部分进行绘制，使得"天空"图层中的蓝天逐渐得以显示，如图5-85、图5-86、图5-87所示。

图 5-85 创建"山脉"图层的图层蒙版

图 5-86 设置"画笔"工具参数

图 5-87 绘制后的天空效果

（三）采用通道抠图法抠取树林素材

（1）在Photoshop中打开树林素材"树林.jpg"，发现树林背景比较复杂，采用"钢笔"等工具抠取存在一定的难度，因此本例采用通道抠图法。选择通道面板，分别查看红、绿、蓝三色通道，发现蓝通道颜色对比最明显。复制蓝通道，创建蓝通道副本，如图5-88、图5-89所示。

图 5-88 选择蓝通道

图 5-89 蓝通道效果

（2）选择"图像"—"调整"—"色阶"，弹出"色阶"对话框，分别调整黑色和白色色块位置，使得白色区域与黑色区域更加明显，如图5-90所示。接着用黑色画笔涂抹树林，用白色画笔涂抹树林以外的区域，调整后的效果如图5-91所示。

图 5-90　调整图像色阶

图 5-91　调整图像色阶后的树林效果

（3）按"Ctrl"键同时点击蓝通道缩略图，创建蓝通道选区。按快捷键"Ctrl+Shift+I"进行反向选择，在通道面板中，重新选择"RGB"，选区效果如图5-92所示，接着复制选中的图像。

（4）在"服装海报"文件中粘贴树林图像，并将图层命名为"树林"，按"Ctrl+T"执行"自由变换"操作，并进行大小和位置调整。右键

图 5-92　抠取树林选区

快捷菜单中，选择"水平翻转"命令，将树林图像水平翻转，如图5-93、图5-94所示。

图 5-93　粘贴树林图像

图 5-94　水平翻转后的树林图像

（5）目前，树林和山峰的过渡非常生硬，本例采用图层蒙版的方式进行调整。选择"图像"—"调整"—"色相/饱和度"命令，调整饱和度为-30，明度为+6。在"树林"图层中添加"矢量蒙版"，选择"画笔"工具，在画笔工具栏中，设置画笔大小为125像素，不透明度为100%，流量为60%。设置前景色为黑色，在树林和山脉交界处进行绘制，实

图 5-95　调整图像色阶/饱和度

现树林到山脉自然过渡的效果，如图5-95、图5-96、图5-97所示。

图5-96 设置"画笔"工具参数

图5-97 树林到山脉自然过渡的效果

（四）置入模特素材

置入模特素材"模特.png"，使用"自由变换"工具，调整模特的大小和位置，将模特图像逆时针旋转6度，如图5-98所示。

图5-98 置入模特素材并调整

（五）置入岩石素材

（1）在Photoshop中打开岩石素材"岩石.jpg"，选择"钢笔"工具，勾选出岩石部分图像，如图5-99所示。

图5-99 绘制岩石选区

（2）将路径转换为选区，按快捷键"Ctrl+Shift+I"进行反向选择，将选中的图像复制。选择"服装海报"文件，将岩石图像粘贴进来，并将图层命名为"岩石"。使用"自由变换"工具，调整岩石的大小和位置，如图5-100、图5-101所示。

图5-100 新建岩石图层

图5-101 复制岩石图像到海报

（3）在"岩石"图层中添加"矢量蒙版"，选择"画笔"工具，设置画笔大小为60像素，画笔类型为"Kyle的终极粉彩派对"，不透明度为60%，流量为60%。设置前景色为黑色，绘制草地自然过渡的效果，如图5-102、图5-103所示。

图5-102 设置"画笔"参数

图5-103 草地自然过渡效果

（六）制作岩石与模特融合效果

（1）选择"套索"工具，选择模特左手部分的图像。栅格化"模特"图层，并复制所选择的图像，重新进行粘贴。重命名复制图层为"模特手臂"，并移动到"岩石"图层的上方，使用"移动"工具，调整手臂的位置，使其与模特原始手臂位置完全吻合，以制作出手压住岩石的效果，如图5-104、图5-105所示。

图5-104 复制"模特手臂"图层

图5-105 制作手臂压住岩石的效果

（2）选择"岩石"图层，使用"矩形"工具，选择岩石部分区域。使用"自由变换"工具，选择"变形"调整岩石的形状，使其与模特手紧贴在一起，如图5-106所示。

图 5-106 岩石变形效果

（3）在"模特手臂"图层下方新建图层，并重命名为"手阴影"，选择"画笔"工具，设置画笔大小为8像素，不透明度为50%，流量为80%，设置前景色为黑色，在手指和岩石之间绘制阴影效果。如果黑色阴影效果太重，可以适当降低图层不透明度，来调整阴影的效果，如图5-107、图5-108所示。当然，也可以调整岩石与手的位置关系，对手进行部分遮挡。

图 5-107 设置"画笔"工具参数

图 5-108 模特手阴影效果

（七）添加文字素材

（1）选择"横排文字"工具，选择文字大小为160点，文字颜色为白色，并输入文字内容。设置字体属性为斜体，加粗，如图5-109、图5-110所示。

图 5-109 设置文字样式

图 5-110 文字效果

（2）继续输入文字内容，设置第2排文字大小为20点，使用"-"连接输入。设置第3排文字大小为40点，文字内容为"丛林系列冲锋衣"，设置文字属性中的字符间距为1060。设置第4排文字大小为33点，文字内容为"EXPLORE THE FUTRUE FOREST SERISE PIZEX"，如图5-111、图5-112所示。

图 5-111 设置文字样式

图 5-112　其他文字效果

图 5-113　合并图层

（3）对输入的4个文字图层进行"栅格化"操作。按"Ctrl"键，同时选择4个文字图层，点击右键选择"合并图层"命令。将合并后的图层重命名为"文字效果"，如图5-113所示。

（4）复制"山脉"图层和"天空"图层，将复制后的2个图层进行"合并图层"操作，并重命名为"文字背景"，将该图层移动到"文字效果"图层的上方。选择"图像"—"调整"—"曲线"命令，调整曲线参数，制作背景图片加深的效果，如图5-114、图5-115所示。

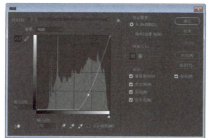

图 5-114　设置文字背景

图 5-115　文字背景效果

（5）按"Alt"键，在"文字背景"图层和"文字效果"图层之间，点击鼠标左键，创建剪切蒙版效果，使得文字颜色呈现背景图片的效果，如图5-116、图5-117所示。仔细观察文案的呈现效果，接下来，还可以对文案的表现形式进行适当调整，如对主文案"探索未来"添加外发光效果，其余文案恢复至黑色效果，使主文案更加突出。

图 5-116　设置剪切蒙版效果

图 5-117　剪切蒙版效果

（6）选择"横排文字"工具，设置文字大小为120点，文字颜色为白色，输入"2022 EXPLORER FUTURE"，设置该文字图层的不透明度为50%，如图5-118所示。

图5-118 添加文字内容并设置

至此，我们就完成了服装海报的设计与制作。

【操作题】完成服装海报的设计。

本章小结

1.优秀的海报设计具有三个共性：主题清晰、目标人群定位明确、形式美观。

2.电商海报实施流程有三个步骤：前期分析、素材准备与沟通讨论、设计制作。

3.学习食品类海报、箱包类海报、汽车海报、服饰类海报等的典型设计案例，学会分析设计目标、研究设计思路，最终完成海报的设计。

推荐资源

1.致设计：http://www.zhisheji.com。

2.站酷：http://www.zcool.com.cn。

本章习题及案例素材

第五章习题　　案例素材

第六章 **主图与直通车图设计**

学习要求

　　主图是买家通过搜索寻找商品的必经之路，影响着买家是否点击进入详情页，而直通车图是流量来源的第二个入口。

　　通过本章的学习，读者能够理解什么是主图，了解主图的重要性，掌握主图的设计规范和要求，同时，学会直通车图的设计，提高流量。

第一节　主图设计

　　导入：假如大家现在想买一双运动鞋，一般是如何在电商平台进行操作的呢？此时大家可能会打开某个电商平台，输入关键词"羽绒服"进行搜索，平台列出许多的羽绒服，到底选择哪一张图片点击进入呢？这张图片在设计上有什么规范与技巧呢？本节内容主要介绍主图和主图设计。

■ 主图设计

一、什么是主图

　　电商平台，无论是天猫、京东，还是亚马逊、eBay等，都提供了搜索功能，买家在搜索后，展现在买家面前的第一张图片就是主图。例如，在亚马逊平台搜索"computer"（电脑），出现图6-1所示结果，列表中出现的图就是主图。

图6-1　亚马逊平台上搜索"computer"关键词的主图列表

在天猫平台上搜索"羽绒服"，出现图6-2所示结果，图中所展示的一款款羽绒服的图片就是主图。

图6-2 天猫平台搜索"羽绒服"关键词的主图列表

如果买家对某一款产品产生了兴趣，点击进入其中的详情页，左上角显示的是详情页的五张主图，这五张主图可以说是详情页的精华，一般来说包括全景图、模特图、细节图等，天猫等电商平台还支持"主图视频"，如图6-3所示。

图6-3 详情页中的主图

二、主图的重要性

主图是买家通过搜索寻找商品的必经之路，无论买家是通过直接搜索还是类目搜索，展现在眼前的第一张图片就是产品主图，因此，主图的好坏决定着买家的关注程度并影响买家是否通过所看到的主图点击进入店铺，使卖家的店铺获取免费流量。

主图承载了产品的款式、风格、颜色等多个产品属性，如果这些特征表现得特别好，无疑比文字描述更能吸引买家的点击。比如，在搜索栏中输入关键词"靴子"，此时，在生成的搜索页面中会展示出各种靴子的产品主图，如图6-4所示。买家首先关注到的往往是自己喜欢的款式，在发现符合自己喜好的产品后，才会把更多的精力放在品牌、价格、购买人数、产品其他信息等方面。

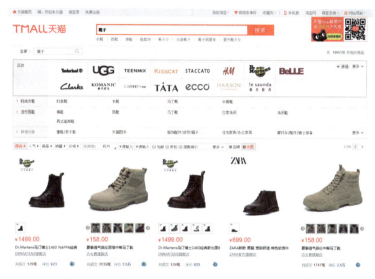

图6-4　天猫平台搜索"靴子"关键词的主图列表

正如刚才羽绒服的例子，买家浏览了这么多主图后，选择其中一个点击进入，其他的宝贝就失去了流量，这里涉及一个核心指标：流量。那么，流量是怎么计算的呢？流量=展现量×点击率，也称为点击量。例如，天猫平台为某款产品展现了100次，主图点击率20%，这款宝贝的实际流量就是20。

有一张优质的主图可以节省一大笔推广费用，这也是很多店铺在没有做付费推广的情况下，依然能吸引到很多流量的主要原因。如果电商平台把某款产品的主图放在搜索首页，半天都没人点击，猜猜下一秒会发生什么？平台连展示的机会都不给你了。所以，主图在电商美工中是非常重要的一个设计内容，主图的好坏直接影响到免费流量的多少。

三、主图的主要制作规范

电商平台对大部分类目的产品主图有明确的设计要求，如果不按照设计规范制作主图，容易引起产品的搜索降权，从而影响产品在搜索展示时的排位。因此在设计产品主图时，就应该先了解该类目的主图制作规范，避免出现违反平台规则的情况。

（一）主图基本设计规则

1.商标放在左上方

将品牌商标放置于主图左上角，且商标大小控制在固定比例以内，一般为主图的

1/10，图6-5所示为正确的案例。

图6-5 主图商标正确案例

2.图片不得拼接

不允许出现拼接图。除情侣装、亲子装等特殊类目外（见图6-6），不得出现多个主体（见图6-7）。

图6-6 情侣装、亲子装可出现多个主体　　　　6-7 主图出现多主体错误案例

3.图片不得出现任何形式的边框

主图出现边框则不符合主图基本设计规则，如图6-8所示。

图6-8 出现边框的主图错误案例

4.图片不得包含促销等文字说明

促销文字说明包括但不限于秒杀、限时折扣、包邮、××折、满××送××等。图6-9所示主图均出现了文字说明，是错误的。

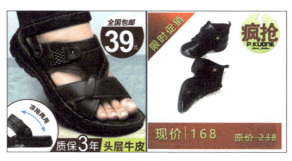

图 6-9　出现促销文字说明的主图错误案例

5.图片不得出现水印

有些卖家为了达到宣传目的，喜欢在主图中打上网址、店铺名称等水印，殊不知，这是不允许的，如图 6-10 所示。

图 6-10　出现水印的主图错误案例

6.图片不得留白

图 6-11 所示主图要么上下留白，要么左右留白，均不符合要求。

图 6-11　出现留白的主图错误案例

7.图片必须是实物图

不得引用杂志图、同款官网图、其他品牌产品图、影视片截图等。

8.图片大小

图片大小以800像素×800像素为佳。

（二）不同类目的主图细则

以天猫平台为例，天猫对不同类目的主图规定了不同的细则，进入天猫帮助中心，可以查看各类目主图的发布规则。

下面对服装类、数码家电等类目的主图标准进行简要介绍。

1.服装类目主图发布规范

主图必须为实物图且须达到5张，并且每张图片必须大于等于800像素×800像素，其中宝贝竖图的尺寸必须大于等于800像素×1200像素。

主图不得拼接，不得出现水印，不得包含促销、夸大描述等文字说明，该类文字说明包括但不限于秒杀、限时折扣、包邮、××折、满××送××等，可将品牌商标放置于主图的左上角，大小为主图的1/10；母婴服饰类目产品仅第2张主图须满足上述内容。

服饰类目产品的第1张主图和宝贝竖图，如果是模特全貌图，只能展示一名模特，不允许出现多名模特（情侣装、亲子装除外）；如果是产品全貌图，要求产品平铺，不能折叠（内衣类目产品除外）。

内衣类目产品第2张主图必须是白底单一产品图且居中，整张图片白色背景的占比须超过45%。

2.数码电器行业主图发布规范

第1张主图由商家自定义设计。

第2张主图必须是清晰的白底图，不得出现水印、文字说明、商家商标、促销等类似信息。

其余主图由商家自定义设计。数码家电类推荐展示产品品牌信息、产品细节图、强制认证信息等。

由于数码电器行业产品的特殊性，对于产品主图没有太多的要求，图6-12所示为在天猫搜索关键词"计算器"所得的搜索结果，主图中展示了产品的性能和功能等信息。

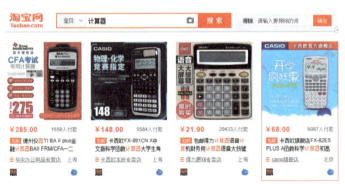

图6-12 天猫平台搜索"计算器"关键词的主图列表

四、主图对素材的要求

主图对素材的要求是很严格的，有一张高品质的素材图片，才能更好地展示产品的优点和卖点，激发买家的点击欲望。

（一）主图清晰度

在主图素材的选择中，图片清晰是首要条件，一张清晰的图片会给人安全感，使人能清楚地看清产品的模样。一张模糊的图片不仅影响买家的视觉体验，还影响产品的价值体现。

图6-13所示是一张清晰的主图，加上模特的动作，能很好地展示衣服的质感和款式；而图6-14所示是一张模糊的主图，让购买者对这款产品完全失去了信心。

图 6-13　清晰主图示例　　　　　图 6-14　模糊主图示例

（二）主图的曝光度

保证了图片的清晰度之后，还需要正确的曝光，光线的色温和明暗调节不当会造成产品的色差问题，不能正确地反映出产品本来的颜色，容易引起买卖双方的售后纠纷，从而给店铺带来不利的影响。

图6-15为曝光正确的图片，能清晰地看出衣服的质地、纹理和颜色；图6-16则为曝光不足的图片，衣服显得过于灰黑，给人的感觉是件旧衣服。

图 6-15　曝光正确的主图示例　　　图 6-16　曝光不足的主图示例

（三）主图像素的大小

淘宝、天猫等平台支持主图的放大功能，为了让买家更清楚地查看主图的细节，卖家要尽量选用大小在800像素×800像素以上的图片。

图6-17所示即为达到像素要求的主图。主图右侧会显示一个放大镜功能，大部分买家都会习惯性地先用放大功能来查看产品的情况，如图6-18所示。然后再浏览详情页，所以选用主图时应选择达到像素要求的图片。

图6-17 达到像素要求的主图　　　　　图6-18 放大的主图部分

第二节　直通车图设计

■ 直通车图设计

导入： 如今，店铺之间竞争日趋激烈，店铺对推广的依赖程度也越来越高。在淘宝和天猫的卖家中，最常使用的推广方式就是直通车。那么到底什么是直通车？直通车图的设计要注意哪些问题？本节内容主要介绍直通车和直通车图的设计。

一、什么是直通车

直通车是淘宝和天猫为卖家量身定制，按点击量付费的营销工具，目的是帮助卖家实现宝贝的精准推广，是一种搜索竞价模式。

当买家主动搜索关键词的时候，如搜索关键词"女包"，页面右边显示的以红色框框选并且标志为"掌柜热卖"的图就是直通车图，如图6-19所示。

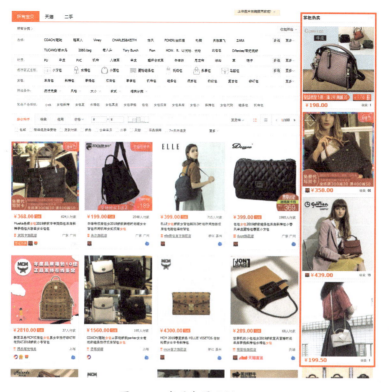

图 6-19　直通车图示例 1

另外，页面底部一行有 5 个标志了"掌柜热卖"的图，也是直通车图，如图 6-20 所示。

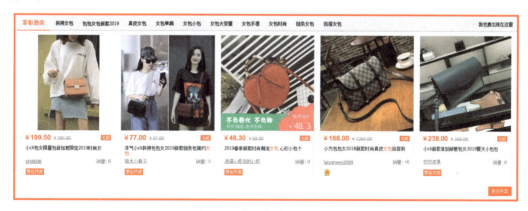

图 6-20　直通车图示例 2

在移动端，标志了"HOT"的图是卖家投放的直通车图，图 6-21 所示的第一款手表，有"HOT"标志，是移动端的直通车图。

图 6-21 带 HOT 标志的直通车图

二、开通条件与收费机制

（一）开通条件

直通车对天猫商家来说没有限制，均可以开通，但对于C店（即 customer，个人店铺）来说，并不是所有商家都可以开通。

C店申请开通直通车账户需要符合以下两个基本条件：一是店铺星级在两星级或两星以上；二是描述、服务、物流三项分值均在4.4分及以上。

（二）收费机制

直通车按点击量收费，不点击不收费。用户可以设置每个关键词的最高点击出价。第一次使用时支付一定的预存款，使用过程中产生的推广费会先从预存款里扣除，余额不足时再充值。

三、直通车图设计

直通车图的设计可以从两个方面出发，一是根据产品本身的属性，挖掘出产品的卖点和消费者的需求点，将这个点通过很好的创意表现出来，来吸引买家点击。二是根据自己产品所投放的广告位，来观察周边的直通车图片，与周围直通车广告图进行差异化的设计，以提高点击率。

差异化设计可从以下几个方面考虑。

（一）价格差异化

与同类产品相比，如果某款产品具有一定的价格优势，那么一定要将这个优势展示出来，将低价促销的卖点放大，这样能快速提高点击率和销售量。

图6-22、图6-23、图6-24所示为突出展示产品价格的直通车图。

图 6-22 突出展示产品 价格的直通车图示例 1　　图 6-23 突出展示产品 价格的直通车图示例 2　　图 6-24 突出展示产品 价格的直通车图示例 3

价格差异化策略的注意事项：在应用低价促销的方式时，应从产品的实际出发，不能一味地降低品质，打造低价产品。应在保证产品质量的同时，适当降低产品的价格，达到薄利多销的目的。一味降价容易导致只有销量却无利可图的局面，引起同行间的价格战，导致行业整体利润下降。

（二）折扣差异化

折扣也是一种有效的促销方式，通过折扣的展示能降低买家对价格的敏感度。"5折""立减40元""买一送一"都是折扣的表现形式。不过要注意的是，不同的折扣表现方式有不同的优劣势。例如"原价28元，现价14元"与"原价28元，现价5折"相比，"5折"的折扣力度显得更大；再比如"原价3888元，现价3700元"与"原价3888元，现价省188元"，"省"字给人感觉折扣力度更大。图6-25、图6-26、图6-27所示为突出展示产品折扣的直通车图。

图 6-25 突出展示产品 折扣的直通车图示例 1　　图 6-26 突出展示产品 折扣的直通车图示例 2　　图 6-27 突出展示产品 折扣的直通车图示例 3

（三）销量差异化

由于从众心理，在淘宝上已经热卖的产品会出现更加热卖的情况。如果推广的产品是原本店内的热销产品，货源充足，需继续推广，那么在推广图上可突出展示销量，引起买家的关注，让买家感受到热销的气氛，从而进行疯抢。

图6-28、图6-29、图6-30所示的直通车图较好地展示了产品销量。图6-28的直通车图表明销量累计突破了30万台，图6-29的直通车图展示鞋子热销了7200双等，图6-30突出该足疗机已销售了6万件。

图6-28 突出展示产品
销量的直通车图示例1　　　图6-29 突出展示产品
销量的直通车图示例2　　　图6-30 突出展示产品
销量的直通车图示例3

（四）品质差异化

对于不同的产品，买家的品质要求也各不相同，如母婴类产品要注重舒适度和安全性，食品要注重色香味和安全性，高端产品所面向的购买人群对产品质量的要求非常高。图6-31、图6-32、图6-33分别为直接展示产品细节质量、产品的舒适感受、产品色香味的效果。

图6-31 突出展示产品细
节质量的直通车图示例　　　图6-32 突出展示产品舒
适感受的直通车图示例　　　图6-33 突出展示产品色
香味效果的直通车图示例

（五）创意差异化

创意性设计是通过别具一格的表现方式，使产品在同行中凸显出来，不仅能快速抓住买家的眼球，还能提高点击率。

图6-34所示的直通车图突出了文案创意"你没穿过的鞋"，图6-35所示直通车图突出素材创意"比大象吸水还简单"，图6-36所示直通车图突出了场景效果创意。

图 6-34 突出文案创意的直通车图示例

图 6-35 突出素材创意的直通车图示例

图 6-36 突出场景效果创意的直通车图示例

本章小节

1.主图是买家通过搜索寻找商品的必经之路，决定着买家是否通过看到的主图点击进入详情页。

2.电商平台对大部分类目的产品主图有明确的设计要求，如果不按照设计规范制作主图，容易引起产品的搜索降权。

3.在主图素材的选择中，图片清晰是首要条件，此外还要有正确的曝光度，天猫等平台要求主图的尺寸为800像素×800像素。

4.直通车是淘宝和天猫为卖家量身定制的、按点击量付费的营销工具，目的是帮助卖家实现宝贝的精准推广，是一种搜索竞价模式。

5.设计直通车图时可考虑采用差异化设计，如价格差异化、折扣差异化、销量差异化、品质差异化和创意差异化等，以提高点击率。

推荐资源

天猫规则：https://guize.tmall.com/。

本章习题

第六章习题

■ 详情页设计基础

第七章　详情页设计

学习要求

　　详情页是展示宝贝详细信息的重要页面，优秀的详情页设计不仅能提高产品的转化率，还能通过关联营销实现流量的二次转化。

　　通过本章的学习，读者可以了解详情页的基本内容模块，掌握详情页设计要点，并通过案例学习宝贝详情页的设计思路及具体方法。

第一节　详情页设计基础

　　导入： 传统实体店铺，主要依赖导购员为客户推荐商品，并促成商品交易。在电商平台中，宝贝详情页担任了导购员的角色，承担着留住、转换流量，进行有效分流，促成关联销售的任务。

一、详情页的主要模块

　　要设计优秀的详情页，首先要进行充分的计划和准备，针对自身产品的特点，选择合适的详情页模块，充分发挥详情页的作用，详情页主要模块包括产品展示模块、吸引购买模块、实力展示模块、交易说明模块和关联营销模块。

　　（一）产品展示模块

　　产品展示模块是详情页中最基本也是最重要的模块。它主要展示产品的整体效果、基本信息、特征、细节、包装、搭配效果等，是买家认识产品的主要途径。产品展示模块是详情页设计中不可缺少的部分。如图7-1、图7-2所示。

 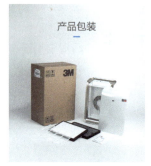

图 7-1 产品展示模块示例 1　图 7-2 产品展示模块示例 2

（二）吸引购买模块

吸引购买模块的设计要基于买家的视角，理解买家的烦恼，挖掘买家的痛点，解决买家的问题。该模块主要包括产品优点展示、场景展示、好评展示、热销情况展示等等。吸引购买模块可以通过实例或采用情感化营销方式，如通过家的元素，体现产品的情感氛围，获得买家的认可，从而使其产生购买行为，如图7-3、图7-4、图7-5所示。

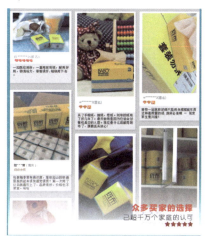

图 7-3　吸引购买模块示例 1　　图 7-4　吸引购买模块示例 2

图 7-5　吸引购买模块示例 3

（三）实力展示模块

实力展示模块包括产品的品牌、资质、生产流水线、仓储、实体店等信息的展示，主要展示店铺的实力和雄厚的资本，以此加深买家对产品和店铺的信任，促成消费行为，如图7-6、图7-7所示。

图 7-6　实力展示模块示例 1　　图 7-7　实力展示模块示例 2

（四）交易说明模块

交易说明模块是对产品交易过程中及交易后的情况进行详细的说明，包括产品的购买、付款、验货、退换货、保修等问题的说明，让买家感受到购买本商品是有保障的，如图7-8、图7-9所示。

图7-8 交易说明模块示例1

图7-9 交易说明模块示例2

（五）关联营销模块

关联营销模块包括关联产品推荐、热销产品推荐、促销活动等信息的展示。让买家了解店铺更多的产品信息、促销活动及优惠力度，带动店铺其他产品的销售。通过关联营销模块，卖家不但可以促使买家下单，实现流量转化，还能为其他产品引流，实现二次转化，如图7-10、图7-11所示。

图7-10 关联营销模块示例1

图7-11 关联营销模块示例2

二、详情页设计要点

要设计出一个优秀的详情页，需要注意以下几点。

（一）从买家需求出发

作为商家，要运营好店铺，首先必须遵循"从买家中来，到买家中去"的原则，从买家的角度出发，了解买家的需求，分析出产品展示时不可或缺的几个部分，包括整体展示、细节展示、功能说明、售后保障等买家最关心的问题。其次，为了更好地吸引买家了解产品，提高买家的购买欲望，还需要在详情页中添加产品场景展示、产品属性展示、产品口碑及关联产品等信息。这些设计都需要从买家的实际需求出发，对目前主流市场开展深度调研后，进行详情页内容的确定、整体版块布局及设计，最终形成完整的产品详情页。

（二）合理的内容排序

详情页设计中的每个模块，须按照买家阅读的习惯来确定展示的前后顺序，这样才能吸引买家阅读完整的详情页信息，促成消费。不合理的内容排序将造成客户跳单、客户流失等现象。

根据买家阅读的习惯，一般在设计详情页时，按照首屏海报、产品整体展示、细节展示、规格及功能说明、售后服务、关联营销的顺序呈现。

要注意的是不同的品类在内容的排序上应有所区分，例如，对于服饰类，买家最关注的往往是款式，而对于数码类产品，买家最关注的通常是产品的参数与性能。因此，在设计时应将买家最关心的内容放在优先展示的区域。

（三）控制页面内容

详情页并不是内容越多越好，内容呈现必须要恰到好处，这样才能让买家完全接受卖家希望展示的内容。例如服装详情页中，在足以展示服装整体效果的前提下，不需要重复展示同一角度产品的信息，同时，也不要放置与产品无关的图片。

对详情页中的内容要反复推敲，并按照内容重要程度进行排列，尽量将重要的产品信息展现给买家，对于产品关联度较低的内容进行删减。在内容选择上，必须要保持内容的真实性，不能弄虚作假，以免失去买家的信任，从而造成客户的流失。

第二节　详情页整体布局

详情页是指用于介绍产品的价值点，并将其通过图文结合的方式展示出来，从而促进买家购买的页面。下面通过案例分析，讲解一款护肤皂产品的详情页设计过程。

一、设计分析

（一）难易程度

★★★★★。

（二）产品分析

本案例中的产品为纯天然成分的护肤皂，产品设计时要强调纯天然的特点。整体色调清新淡雅，给人清爽、自然、舒适的感觉。

（三）设计思路

详情页的背景色选自于产品自身的绿色，整个详情页分为首屏海报、产品亮点、产品功效、产品工艺、产品信息、产品实拍、产品使用方法、产品保障及产品售后等模块。

二、页面整体布局和效果

根据以上的设计思路及模块划分，详情页整体页面布局如图7-12所示。

按照该布局设计的详情页整体效果如图7-13所示。

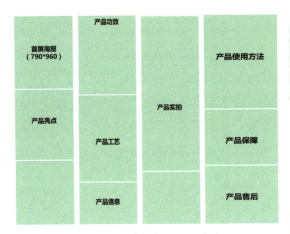

图 7-12 详情页整体页面布局

图 7-13 详情页整体效果展示

第三节　首屏海报模块设计

以下着重介绍首屏海报模块设计、产品亮点模块设计及产品功效模块设计。

一、效果展示

首屏海报模块设计效果如图7-14所示。

图7-14　首屏海报模块设计效果

二、设计分析

首屏海报在整个详情页设计中至关重要，直接决定着产品的整体定位。洁面皂产品要给用户清新、自然、舒适的感觉，因此详情页整体色调采用产品自身的绿色调。本海报需要展现产品从天空中落下的感觉，传递轻盈、清透的产品品质。由于产品中包含绿茶成分，所以在素材上选择绿茶做点缀。文案部分突出产品的功效和特点：祛痘、控油、温和，这些内容都是文案表述的重点。

三、步骤详解

（一）新建文件

按快捷键"Ctrl+N"执行"新建"命令，在打开的"新建"对话框中设置文件名为"洁面皂详情页"，宽度为790像素，高度为960像素，分辨率为72像素/英寸。

（二）置入背景素材

（1）创建图层组，并命名为"首屏海报"。置入背景图片"首屏背景.jpg"，重命名图层为"首屏背景"，对该图层进行"栅格化"操作，如图7-15所示。

（2）选择"矩形选框"工具，并框选天空部分图像。按快捷键"Ctrl+T"执行"自由变换"命令，按"Shift"键向上拉伸天空的部分图像，使天空铺满整个海报，如图7-16、图7-17所示。

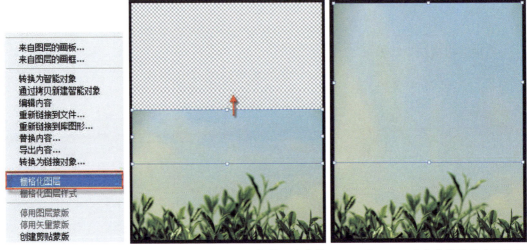

图7-15 选择"栅格化图层"工具　　图7-16 拉伸天空背景　　图7-17 天空背景铺满海报效果

（三）置入产品图片并调整

置入产品图片"海报产品.png"。使用快捷键"Ctrl+T"自由变换命令，对该图层的产品图片进行大小调整，并将产品图片移动到海报的中间位置，如图7-18所示。

图7-18 将产品图片移动到海报中间位置

（四）复制产品图像并设置效果

（1）选择"海报产品"图层，复制该图层，并将复制后的图层重命名为"海报产品1"。

（2）使用快捷键"Ctrl+T"自由变换命令，调整产品图像的大小，并将产品图像移动到"海报产品"图层的图像右上方。选择菜单"滤镜"—"模糊"—"高斯模糊"命令，增加产品虚化的效果，如图7-19、图7-20所示。

（3）重新选择"海报产品"图层，复制该图层，并将复制后的图层重命名为"海报产品2"。使用自由变换命令，调整产品图像的大小，并将产品图像移动到"海报产品"图层的图像左上方。使用"高斯模糊"滤镜，增加产品虚化的效果，如图7-21所示。

图7-19 选择"高斯模糊"工具

图7-20 调整图像大小并移动到右上方

图7-21 复制图层大小并移动到左上方

（五）添加云朵的效果

使用"云彩画笔"绘制天空的云彩。

（1）在"海报产品"图层和"首屏背景"图层之间创建新图层，并将图层重新命名为"云朵"。

（2）选择画笔工具，在画笔工具栏上点击 图标，在弹出的选项框中点击右侧的 图标，在弹出的快捷菜单中点击"导入画笔"命令，选择"云彩画笔.abr"笔刷素材文件，点击"载入"按钮，如图7-22所示。完成笔刷加载后，在选项框下方选择"Pincel muestreado 10"效果，设置前景色为白色，直接在海报上绘制即可产生云朵效果，如图7-23、图7-24所示。

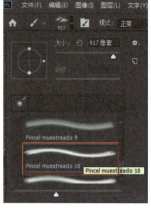

图 7-22 选择"画笔"工具　　　图 7-23 设置云朵效果　　　图 7-24 云朵效果展示

（六）设置阳光的效果

（1）在"云朵"图层上方创建新图层，并将图层重命名为"阳光"。选择"画笔"工具，将画笔大小设置为500像素。在画笔工具栏中，设置平滑值为30%，如图7-25所示。设置前景色为白色，在海报左上角绘制阳光效果。为了让阳光效果更加明显，可以在同一位置重复绘制2~3次，如图7-26所示。

（2）选择"阳光"图层，在图层属性中设置图层的不透明度为90%或更低，来调整阳光的强烈程度，如图7-27所示。

图 7-25 设置画笔参数

图 7-25 设置画笔大小参数　　　图 7-26 绘制阳光效果　　　图 7-27 调整图层不透明度

（七）添加叶子素材

置入叶子素材"叶子1.png""叶子2.png""叶子3.png""叶子4.png""叶子5.png"。使用"自由变换"命令，对复制的叶子图层进行多角度变形，同时使用"高斯模糊"滤镜，增加层次感，如图7-28所示。

（八）设置文字效果

（1）选择"横排文字"工具，输入图7-29中的文字内容，设置文字字体为"金桥简细圆"，主题文字上方的英文大小为18点，主题文字大小为60点，第2排文字大小为30点，第3排大小为26点，文字颜色值为"#355000"。

（2）选择"自定义形状"工具，在工具栏的形状选项对话框中，点击右侧的设置按钮，选择"符号"命令，在弹出的对话框中，点击"追加"按钮，如图7-30、图7-31所示。重新在形状选项中，下拉选择 ✔ 图标，并添加到相应位置，如图7-32所示。

图 7-28 置入叶子素材并调整位置　　图 7-29 横排文字设计　　图 7-30 选择"符号"命令

图 7-31 点击"追加"按钮

图 7-32 将符号添加到相应位置

（九）底部弧度效果的制作

（1）在"首屏背景"图层上创建新图层，并将图层重命名为"底部弧形"。选择"钢笔"工具，在海报底部绘制出自然的波浪弧度，如图7-33所示。

（2）使用快捷键"Ctrl+Enter"将钢笔路径转化为选区，使用快捷键"Alt+Delete"快速填充前景色为白色，如图7-34所示。

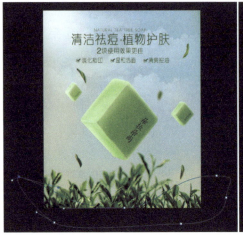 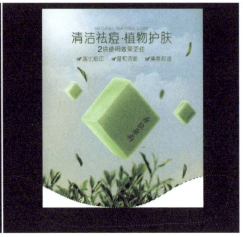

图 7-33 用"钢笔"工具绘制底部波浪　　　图 7-34 将波浪区域填充前景色为白色

第四节　产品亮点模块设计

一、效果展示

产品亮点模块设计效果如图7-35所示。

图 7-35　产品亮点模块设计效果

二、设计分析

产品亮点模块主要展现洁面皂产品的卖点，突出产品的亮点和特征。在设计构思上，把产品放置在一个天然的木板上，每种植物成分散落而下，并对主要成分进行说明。

设计的难点主要是合成技术的使用，为了让不同的物体看起来像是一个整体，必须要设计出完整的投影效果和光效。另一个难点是素材的抠取，如橄榄油部分要做出橄榄油从新鲜橄榄中滴下来的效果，传递产品的天然属性。

▪️产品亮点
模块设计

三、步骤详解

（一）置入背景素材

新建图层组，并重命名为"产品亮点"。置入背景图片"产品亮点背景.jpg"，选择图层不透明度为15%，点击锁定图层，如图7-36、图7-37所示。

图 7-36 置入背景素材　　　　　图 7-37 设置透明度

（二）搭建场景木板部分

（1）置入木板素材文件"木板.png"，按快捷键"Ctrl+T"自由变换命令，调整木板的大小，并将木板移动到该模块的底部，如图7-38、图7-39所示。

图 7-38 置入木板素材文件　　　　　图 7-39 调整木板大小并移动

（2）制作木板底部加厚效果。在"木板"图层上点击右键，选择"栅格化图层"命令。选择"矩形选框"工具，选取木板底部区域，使用"自由变换"命令，按住"Shift"键并向下拉伸选择的图像，使木板呈现更加厚实的效果，如图7-40、图7-41所示。

图7-40 用"矩形选框"选择木板底部区域　　　　图7-41 木板底部加厚效果

（3）制作木板投影效果。双击"木板"图层，设置图层样式效果。选择"投影"，设置不透明度为36%，角度为101度，取消使用全局光，设置距离为71像素，大小为27像素，设置完成后点击确定按钮，如图7-42、图7-43所示。

图7-42 设置木板投影效果　　　　　　图7-43 木板投影效果

（4）增强木板颜色厚重感。选择菜单"图像"—"调整"—"曲线"命令，在曲线对话框中，调整曲线曲度，增强木板颜色的厚重感，如图7-44、图7-45所示。

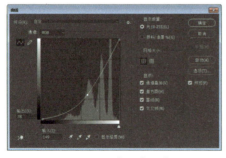

图7-44 调整曲线曲度　　　　　　图7-45 增强木板厚重感效果

（三）产品的放置和精修

（1）置入肥皂产品素材。置入肥皂产品素材"产品.png"，使用"自由变换"命令调整肥皂的大小和位置，如图7-46所示。

（2）栅格化"产品"图层，选择"矩形选框"工具，选择肥皂上表面部分。使用"自由变换"命令，按住"Shift"键并向下缩小选择的图像，使得肥皂与木板紧贴在一起，如图7-47、图7-48所示。

（3）选择"钢笔"工具，沿着肥皂产品的轮廓绘制锚点，调整锚点调节线，做出肥皂圆角的效果。将路径转换为选区，复制选区并重新进行图像粘贴。将粘贴后的图像图层重命名为"产品精修"。同时将"产品"图层设置为不可见状态，如图7-49、图7-50、图7-51所示。

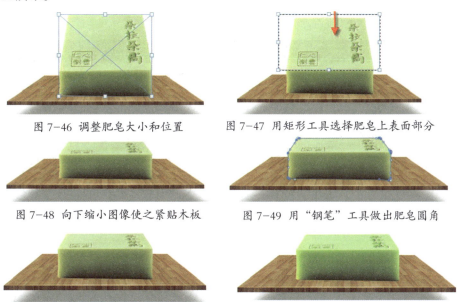

图7-46　调整肥皂大小和位置　　　　图7-47　用矩形工具选择肥皂上表面部分

图7-48　向下缩小图像使之紧贴木板　　　图7-49　用"钢笔"工具做出肥皂圆角

图7-50　复制选区　　　　　　　　图7-51　重新粘贴

（4）调整产品的"色相/饱和度"，设置色相为+11，饱和度为+28，明度为+2，让产品呈现出清新自然的感觉，如图7-52所示。

（5）在"产品精修"图层的上方新建图层，并重命名为"产品修饰"。设置图层效果为"正片叠底"。选中"产品修饰"图层，按住"Alt"键后，在"产品修饰"图层和"产品精修"图层之间单击鼠标左键，创建"产品精修"图层的剪切蒙版效果，如图7-53所示。

（6）选择"吸管"工具，吸取肥皂主体较亮部分的颜色。选择"画笔"工具，设置画笔大小为50像素，不透明度为35%，流量为40%，平滑为30%。设置完成后，在"产品修饰"图层上对肥皂产品较暗部分的图像进行涂抹，肥皂产品过于灰暗的地方经过调整后变得更为明亮，如图7-54、图7-55、图7-56所示。

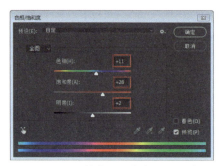

图 7-52 调整产品"色相 / 饱和度"

图 7-53 新建"产品修饰"图层
并创建剪切蒙版效果

图 7-54 设置"画笔"参数

图 7-55 吸取肥皂主体较亮部分颜色

图 7-56 调整图像较暗部分

（四）产品投影效果合成

为了让产品有一个自然的形态和效果，光影的合成处理非常重要。

（1）制作产品在木板上的投影效果。在"产品精修"图层下方新建图层，并重命名为"产品阴影"。设置前景色为"#563a19"，选择"矩形选框"工具，在阴影部分绘制矩形选框，并用"油漆桶"工具填充前景色。使用"高斯模糊"滤镜，设置模糊半径为5，如图7-57、图7-58所示。设置后的效果如图7-59所示。

（2）设置"产品阴影"图层的不透明度为50%。使用"自由变换"工具，按"Ctrl"键对产品阴影部分进行斜切。按"Shift"键，从下往上缩小阴影部分的大小，如图7-60、图7-61、图7-62所示。

（3）在"产品阴影"图层上方新建图层，并重命名为"产品阴影2"。设置前景色为黑色，选择"矩形选框"工具，在阴影部分绘制矩形选框，并用"油漆桶"工具填充前景色。选择"涂抹"工具，设置选项工具栏中的大小为100，从下往上涂抹黑色矩形框，使得黑色部分紧贴在肥皂产品与木板之间，这样使得阴影部分更加真实和自然，如图7-63、图7-64所示。

图7-57 用"矩形选框"工具在产品下方
绘制阴影

图7-60 设置"产品阴影图层"

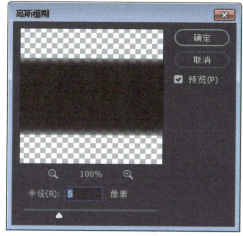

图7-58 使用"高斯模糊"滤镜

图7-61 对"产品阴影"部分进行斜切

图7-62 斜切后的阴影效果

图7-63 新建"产品阴影2"图层并绘制矩形选框

图7-59 设置后的矩形效果

图7-64 调整后的阴影效果

（五）添加花朵素材

（1）置入花朵素材文件"花朵.png"，并置于"产品精修"图层上方。选择"自由变换"工具，调整花朵的大小和位置，如图7-65所示。

（2）设置花朵的"色相/饱和度"参数，调整色相为+5，饱和度为+14，明度为+3，如图7-66、图7-67所示。

（3）双击"花朵"图层，设置花朵图层样式属性。选择"投影"样式，设置不透明度为50%，角度为101度，取消使用全局光，距离为9像素，大小为6像素，设置完成后点击确定按钮，如图7-68、图7-69所示。

（4）使用以上方法，置入素材"叶片.png"及"松红梅.png"，并放置到合适位置，如图7-70所示。

图 7-65 置入花朵素材

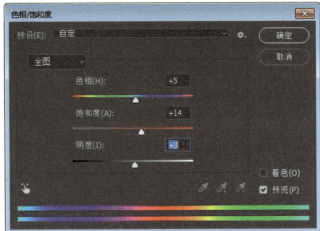

图 7-66 设置花朵的"色相 / 饱和度"

图7-67 "色相/饱和度"调整后的效果

图7-69 "花朵"图层设置完成后的效果

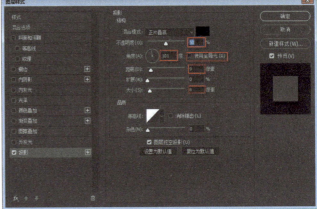

图 7-70 置入叶片及松红梅素材

图 7-68 设置花朵"图层样式"属性

（六）添加椰子元素

（1）置入椰子素材"椰子.png"，使用"自由变换"工具，调整椰子图像的大小及位置，并旋转椰子图像的角度，如图7-71所示。

（2）置入椰汁素材"椰子汁.psd"，调整椰汁的位置到椰子处，并与椰子口尽量融合。重命名图层为"椰子汁"，如图7-72所示。

图 7-71　置入椰子素材　　　　　　　　　图 7-72　置入椰子汁素材

（七）置入橄榄元素

（1）置入橄榄素材"橄榄.png"，使用"自由变换"工具，调整橄榄图像的大小及位置，并旋转橄榄图像的角度，将图层重命名为"橄榄"，如图7-73所示。

（2）置入橄榄油素材"橄榄油.png"，位于"橄榄"图层上方。使用"自由变换"工具，调整橄榄油图像的大小及位置，并旋转橄榄油图像的角度。将图层重命名为"橄榄油"，如图7-74所示。

（3）选择"橡皮擦"工具，设置"橡皮擦"工具栏参数，调整不透明度为75%，流量为75%，平滑为54%。栅格化"橄榄油"图层并放大图像，使用橡皮擦工具，擦除橄榄油图像上方与橄榄重合的部分，营造出橄榄油从橄榄中滴下的效果，如图7-75、图7-76所示。

图 7-73　置入橄榄素材并调整　　　　　　图 7-74　置入橄榄油素材并调整

图 7-75　设置"橡皮擦"工具栏参数

（八）添加其他修饰元素

使用以上方法，置入素材"树叶1.png""树叶2.png""树叶3.png""树叶4.png"，并放置到合适位置，如图7-77所示。

图 7-76 橄榄油滴下效果

图 7-77 添加其他修饰元素

（九）添加产品文字介绍

（1）选择"横排文字"工具，输入图7-78所示产品文本。其中，设置第1排文字字号为40点，第2排文字字号为24点。

（2）输入图7-79所示产品亮点文字内容。其中，设置第1排文字字号为28点，第2排字号为18点。

图 7-78 添加产品文本

图 7-79 添加产品亮点文字内容

（3）选择"自定义形状"工具，在工具栏的形状选项中下拉选择波浪形状，并添加到相应位置，如图7-80所示。选择"直线"工具，设置"直线"工具栏选项，选择填充为无色，描边为黑色，描边选项为虚线，如图7-81所示。点击描边选项下方的"更多选项"，在弹出的描边对话框中，设置间隔为4。在第1排和第2排文字之间绘制虚线，如图7-82所示。

（4）使用以上的方法，参照图7-83文字内容，输入其他文本及文字修饰元素。

图 7-80　选择波浪形状

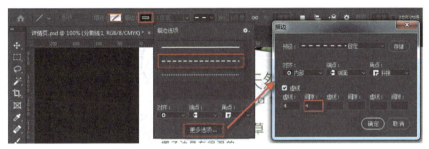

图 7-81　选择"直线"工具绘制虚线

图 7-82　设置虚线后的效果

图 7-83　其他文本及文字修饰元素

第五节 产品功效模块设计

一、效果展示

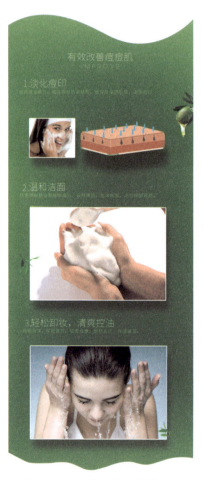

图 7-84 产品功效模块设计效果

二、设计分析

产品功效
模块设计

产品功效模块的设计是为了说明产品的主要功效，突出产品特点。该模块设计主要采用图文混排效果，并做到设计元素的协调统一。

三、步骤详解

（一）制作背景效果

产品功效模块采用纯色背景，上下边缘采用曲线过渡的设计方法。在背景颜色获取上，采用产品本身的绿色，增加产品的归属感，加深产品在买家心中的印象。

（1）新建图层组，并重命名为"产品功效"。在图层组中新建图层，并重命名为"背景"。选择"矩形选框"工具，在选框工具栏中，设置样式为固定大小，宽度为790像素，高度为1905像素，在该图层中的背景区域位置添加矩形选框，如图7-85、图7-86所示。

（2）在产品亮点模块中的肥皂产品中选取前景色。在"背景"图层中，按"Alt+Delete"键，在背景选区中填充前景色，如图7-87、图7-88所示。

（3）选择"钢笔"工具，绘制背景上方曲线过渡效果。按"Ctrl+Enter"快捷键，将路径转换为选区。按"Delete"键删除选区背景图像，如图7-89、图7-90所示。

（4）继续使用钢笔工具，按照以上方法，绘制背景下方曲线过渡效果，如图7-91所示。

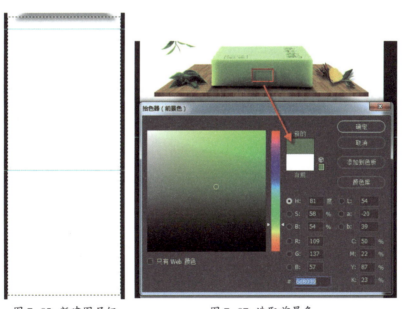

图 7-85 新建图层组　　　　图 7-87 选取前景色

图 7-86 设置背景样式

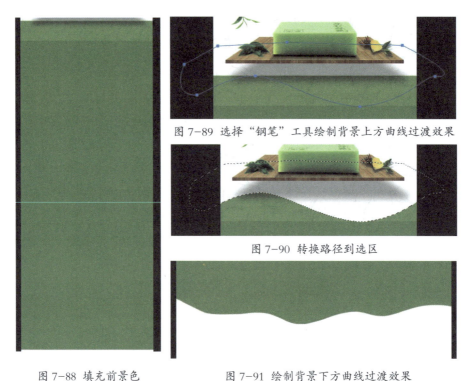

图 7-89 选择"钢笔"工具绘制背景上方曲线过渡效果

图 7-90 转换路径到选区

图 7-88 填充前景色

图 7-91 绘制背景下方曲线过渡效果

（二）输入文字内容

（1）选择"横排文字"工具，设置第1排字体大小为40点，第2排字体大小为24点，分别输入如图7-92所示文字内容。

（2）重新设置第1排标题字体大小为40点，第2排文字字体大小为18点，分别输入如图7-93所示文字内容。

图 7-92 输入文字

图 7-93 设置标题及文字样式

（三）添加产品功效图

（1）置入产品功效图"功效图1.png"，使用"自由变换"工具，移动并调整图像位置。双击"功效图1"图层，设置图层样式选项。选择"描边"样式，设置大小为3像素，颜色为白色。选择"投影"样式，设置不透明度为36%，角度为108度，距离为43像素，大小为27像素，如图7-94、图7-95所示。

（2）置入产品功效图"功效图2.png""功效图3.png""功效图4.png"，并调整图像位置和大小，如图7-96、图7-97、图7-98所示。在"功效图1"图层上点击右键，选择"拷贝图层样式"。分别在"功效图2""功效图3""功效图4"图层上点击右键，选择"粘贴图层样式"，以保持图层样式效果的一致性，如图7-99、图7-100所示。

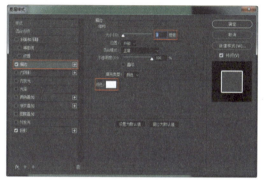

图 7-94　选择"描边"样式

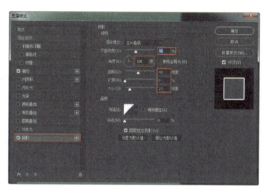

图 7-95　选择"投影"样式

图 7-96　置入产品"功效图 2"

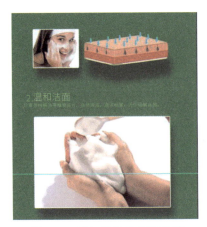

图7-97 置入产品"功效图3"

图7-98 置入产品"功效图4"

图7-99 选择"拷贝图层样式"命令

图7-100 选择"粘贴图层样式"命令

（四）添加修饰元素

（1）复制"产品亮点"图层组中的"橄榄"图层和"橄榄油"图层到"产品功效"图层组中，并将其移动到指定位置上，如图7-101所示。

（2）置入树叶素材"树叶3.png"和"树叶5.png"，使用"自由变换"工具，调整图像大小和位置，如图7-102所示。

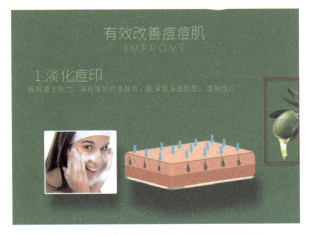

图7-101 复制"橄榄"和"橄榄油"图层

图7-102 置入并设置树叶素材

本章小结

1. 详情页主要模块包括产品展示模块、吸引购买模块、实力展示模块、交易说明模块、关联营销模块等。

2. 设计详情页时要注意从买家需求出发，合理地安排及控制页面内容。

3. 通过案例详细分析详情页整体布局及设计。

4. 使用Photoshop软件完成详情页各模块的设计。

推荐书籍

1. 刘畅. 设计无忧[M]. 北京：清华大学出版社，2021.

2. 子若. 淘宝美工进阶教程：设计基础＋店铺后台＋详情页[M]. 北京：电子工业出版社，2019.

本章习题及案例素材

第七章习题

案例素材

第八章 店铺首页设计

学习要求

　　店铺首页设计的好坏是影响客户进店后能否快速寻找到商品的因素之一。店铺首页的设计代表着店铺的产品风格、品牌定位。优秀的店铺首页设计、独特的店铺风格更加容易获得买家的认可，能很好地引导买家进入店铺不同类型的产品页面，增加店铺的流量、收藏量和转化率。

　　本章将详细介绍店铺首页的布局及主要模块，并使用Photoshop软件，设计店招、导航、首焦图、热卖单品等模块，并运用"场景搭建"的方法创建出优秀的店铺首页。

第一节　店铺首页设计基础

■ 店铺首页
设计基础

　　导入： 店铺首页通常包括店招、菜单栏、焦点图、分类展示等内容，每个部分都扮演着不同的角色，承担着不同的任务。本节主要介绍店铺首页设计的布局及基本内容。

一、首页的布局和作用

　　店铺首页一般包含三大部分，分别是页头、页中和页尾。其中页头包括店招、导航栏等内容，页中包含首焦、店铺活动、产品推荐与产品分类等内容，页尾包含关于我们、二维码信息等内容，整体布局如图8-1所示。

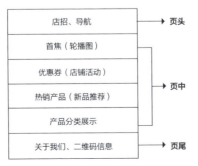

图8-1 店铺首页整体布局

在进行店铺首页布局的过程中，需要对首页整体结构进行构思，确定好每个版块的内容、色彩搭配、相关布局，按照设计思路详情制作各版块。只有这样，才能使店铺的首页层次分明，搭配合理。目前大部分店铺以全屏展示的方式进行设计，呈现出较强的视觉冲击力，彰显首页大气的页面效果。

店铺首页主要作用包括以下几个方面。

（一）展示品牌形象

店铺品牌是区分一家店铺与其他店铺最主要的标志。店铺首页，尤其要注重店铺品牌的设计和宣传，在买家心中塑造牢固的品牌形象。整个店铺的设计应该围绕着品牌形象展开，提升买家的品牌认知。

例如，中国的糖果品牌"大白兔"，以大白兔作为品牌设计形象，在大白兔天猫店铺设计时，将大白兔作为产品宣传的特点，结合季节和产品特色来展示大白兔的品牌。同时，将大白兔品牌充分融入产品的设计和包装中，使得该品牌深入人心，多年来深受消费者的追捧和喜爱，如图8-2所示。

图8-2 大白兔糖果品牌形象展示

（二）店铺引导

当买家进入店铺后，店铺首页要起到导购的作用。在首页中设计不同的导航模块，如显性导航、半隐性导航和隐性导航等，以满足不同买家的消费需求。

通过产品分类、产品推荐等帮助买家快速地寻找到合适的产品，引导买家购买，实现流量转化，如图8-3、图8-4所示。

图 8-3 产品分类导购

图 8-4 产品推荐

（三）活动和推荐

如果买家进入店铺后没有很明确的购买意向，那么通过首页活动或者产品推荐可以很好地激发买家的购买欲望和潜在需求。这些活动包括促销打折、套餐搭配销售、新品推荐等，如图 8-5、图 8-6 所示。

图 8-5 促销打折页面

图 8-6 店长推荐页面

二、首页的基本内容

店铺首页通常包含页头、页面和页尾三部分。每个部分的内容都有着各自的功能和不同的设计要求。

（一）页头部分

主要包含店招、导航等模块。

1.店招模块

店招是一家店铺的标识，位于页面的最上方，也是首页的起始位置。店招相当于店铺的招牌，要有明确的品牌定位和产品定位。一般来说，店招包含店铺名称、商标、关注、收藏等，有些店招也会适当地加入一些领取红包或优惠券的按钮，甚至放置两三款推广的产品。

图8-7的店招中，品牌名称采取加粗字体，给人厚重、安全、可信的感觉，中间展示了主打产品及价格定位，让人一目了然。

图 8-7　店招设计示例

以天猫平台为例，店招的高度为120像素。在店铺浏览过程中，返回首页的功能非常重要，这是影响页面跳失率的重要因素。由于商标是店铺最显眼和最重要的标志，因此在设计店招时，往往在商标上加上返回首页的链接，降低页面的跳失率。

2.导航模块

导航和店招都属于页头的内容，导航位于店招的下方，主要起到方便买家搜索产品，帮助买家进行产品定位，引导买家快速寻找产品的作用。除了产品分类，通常还会将活动入口、品牌故事等内容添加到导航中，如图8-8所示。

图 8-8　导航设计示例

在下面的店铺导航中，鼠标移动到不同类别，会弹出该品类的二级菜单，并结合产品图片等方式进行菜单展示，这类隐形导航的设计适用于分类信息较多、导航长度不足以完整展示的店铺，如图8-9所示。

图 8-9　隐形导航设计示例

图8-10所示的案例对店招和导航进行了很好的结合，将店铺主流产品类别以图片形式在店招中进行展示，使店招和导航融为一体。

以天猫平台为例，导航的高度为30像素。店招和导航共同构成了首页的页头。因此，首页页头的高度为150像素。

图 8-10 店招与导航结合的首页页头

（二）页面部分

页面部分包含首焦、产品分类、产品推荐等模块。

1.首焦模块

首焦是指首页的焦点，一般位于导航下方，页头（店招、导航）和首焦组成了首屏。如果页头负责寻找产品和分流，那么首焦负责传递最新产品、店内活动推广等内容。首焦是店铺首页的灵魂。

在设计首焦时，要遵循"一屏论"的原则，就是在第一屏中完整地展示首焦所有内容。以谷歌浏览器为例，若只保留地址栏，浏览器自身高度为150像素，淘宝平台页头高度为100像素，店铺页头高度为150像素。目前主流显示器高度为900像素，去除已有的固定内容高度，需要完整显示首焦内容，只留下了500像素高的空间。所以在设计首焦时，应尽量在500像素的高度内完整地呈现内容，如图8-11、图8-12所示。

目前最主流的首焦展现方式是全屏海报和全屏轮播。全屏海报是指通过一张海报进行展示。全屏轮播允许2~4张海报轮流播放展示，这样可以在一屏中呈现更多的重要信息。对于中小卖家或者首页浏览量不到10%的卖家，不建议使用全屏轮播效果。

图 8-11 首焦效果 1

图 8-12 首焦效果 2

2.产品分类模块

产品分类是产品导航的详细版，主要实现对买家更加有效的引导，因此要强调清晰的条理性和逻辑性。一般采用文字或者图文结合的方式呈现，使用图文结合方式能更加直观地展现产品类别，如图8-13、图8-14所示。

图 8-13 产品分类模块示例 1

图 8-14 产品分类模块示例 2

3. 产品推荐模块

产品推荐模块往往是首页设计的主体，应通过不同的视觉呈现方式，营造出不同的营销氛围，从而影响买家的消费心理，产生不同的消费行为。例如，百草味天猫旗舰店首页的产品推荐模块细化为店长热荐、当季新品、健康坚果、缤纷果干、香酥糕点、能量肉食、素食海味、饼干膨化、精品礼盒、进口零食等，健康坚果与缤纷果干模块设计效果如图 8-15、图 8-16 所示。

图 8-15 产品推荐模块示例 1

图 8-16 产品推荐模块示例 2

在页面设计时，要注意产品推荐部分内容简洁，避免杂乱无章。每个产品展示模块大小控制在一屏半的范围内，避免阅读时的视觉疲劳。展示时选择有代表性的产品，避免类似产品的重复展示，如图8-17、图8-18、图8-19所示。

同时，要突出爆款，用不同的设计模式突出热卖单品，吸引买家购买。在设计时保持整体设计风格的一致性，如图8-20所示。

图8-17 产品推荐模块示例3　图8-18 产品推荐模块示例4　图8-19 产品推荐模块示例5

图8-20 产品推荐模块示例6

（三）页尾部分

页尾部分一般包括产品物流、售后、质保等信息，其内容旨在提高买家的信任度，消除客户的顾虑。在页面最底部加上"返回顶部"的超链接，可以帮助客户快速回到首页。同时也可以添加"店铺收藏"等链接，提高客户的回头率，如图8-21所示。

图 8-21　页尾部分示例

第二节　店铺首页整体布局

店铺首页的合理布局可以给客户一个有效的指引线路，本节将通过案例分析，讲解苏泊尔保温杯系列产品首页设计的思路以及具体方法。

一、设计分析

（一）难易程度

★★★★★。

（二）产品分析

本案例产品为保温杯系列产品，在整体设计上要给人温暖、稳固的感觉。

（三）设计思路

本案例的首页分为店招、导航、首焦图、产品促销、单品热卖，产品推荐、页尾模块等，在完成框架布局的基础上进行首页整体的设计规划。为了烘托温暖和稳固的感觉，首焦部分是非常重要的展示内容，本案例中搭建了一个家的场景，借此传递出产品温馨的感觉。

二、页面整体布局和效果

根据以上的设计思路及模块划分，店铺首页整体页面布局如图8-22所示。

按照该布局设计的店铺首页整体效果如图8-23所示。

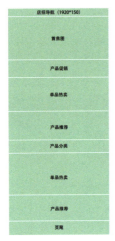

图8-22 店铺首页
设计思路

图8-23 店铺首页整体效果1

第三节 店招和导航设计

一、效果展示

苏泊尔店招和导航模块设计效果如图8-24所示。

图8-24 店招和导航模块设计效果

二、设计分析

    店招是店铺的招牌。在设计店招时，要充分展示企业的品牌形象，同时要突出产品和价格定位。店招右侧放置"收藏店铺"的链接，因为收藏数的多少是衡量一个店铺热度的标准之一，也会影响产品在同类产品中的排列位置。

▣ 店招和导
航设计

三、步骤详解

（一）新建文件

按"Ctrl+N"键执行"新建"命令，在打开的"新建"对话框中设置文件名为"店铺首页"，宽度为1920像素，高度为4200像素，分辨率为72像素/英寸。

（二）创建页面背景

新建图层，并重命名为"背景"。设置前景色为"#f8f8f8"，按"Alt+Delete"键，填充前景色到"背景"图层。

（三）绘制参考线

按照店招固定宽度950像素和高度120像素的要求，页面左右两侧分别保留485像素。页面从左到右分别在485像素、960像素、1435像素处绘制纵向参考线。同时页面从上到下，分别在120像素和150像素处绘制横向参考线，如图8-25所示。

图 8-25　绘制参考线

（四）置入页面素材

（1）置入商标素材"logo.png"，使用"自由变换"工具，调整素材大小，并移动到店招左侧位置，如图8-26所示。

SUPOR 苏泊尔

图 8-26　置入商标素材

（2）置入产品素材文件"店招产品1.png"和"店招产品2.png"，使用以上方法，将其放置到店招中，如图8-27所示。

SUPOR 苏泊尔

图 8-27　置入"店招产品"素材文件

（五）添加店招文字内容

选择"横排文字"工具，设置产品标题文字大小为18点，产品价格整数部分文字大小为24点，小数部分文字大小为14点。右侧收藏店铺文字大小为18点。按照图8-28效果图输入店招文字内容。

图8-28 添加导航文字效果

（六）创建导航背景

新建图层，并重命名为"导航背景"。选择"矩形选框"工具，创建宽度为1920像素，高度为30像素的矩形选区。选择前景色为"#d5d5d5"，将前景色填充到矩形选区中，如图8-29所示。

图8-29 创建导航背景

（七）添加导航文字内容

选择"横排文字"工具，设置导航文字大小为18点。按照图8-30所示效果图输入导航文字内容。

图8-30 店招导航效果

第四节　首焦模块设计

一、效果展示

苏泊尔首焦模块设计效果如图8-31所示。

图8-31 苏泊尔首焦模块设计效果

二、设计分析

首焦是店铺首页的焦点图。通过搭建产品的呈现场景，将产品和场景进行充分融合，并使用"透视"原理进行产品素材的调整和设计。

首焦模块
设计

三、步骤详解

（一）置入背景元素

新建图层组，并重命名为"首焦"。置入背景元素"房屋.png"，并移动到合适位置，如图8-32所示。

图 8-32　置入元素背景

（二）置入透视参考线

透视参考线可以让整个画面有一个视平线和一个视点，所有场景中的物品要按照透视线汇集的方向来放置，这样才会营造出真实的场景感。置入透视参考线元素"透视参考线.png"，将参考线移动至与房屋底边平行位置，并将"透视参考线"图层锁定，如图8-33、图8-34所示。

图 8-33　设置透视参考线

图 8-34　透视参考线设置效果

（三）置入门和门框元素

（1）置入门元素"门.png"，使用"自由变换"工具，调整素材的大小，并移动到左边墙边，如图8-35所示。

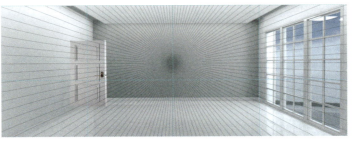

图8-35 置入门素材

（2）置入门框素材"门框.png"，使用"自由变换"工具，选择"斜切"并参照透视参考线位置，对门框进行斜切调整，并移动到门的左侧，如图8-36所示。

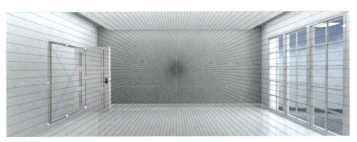

图8-36 置入门框素材

（3）选择"橡皮擦"工具，擦除门框下方区域，如图8-37所示。

图8-37 用"橡皮擦"工具擦除门框下方区域

（4）新建图层，并重命名为"门阴影"，选择"多边形套索"工具，绘制门阴影区域选区。选择前景色为"#9d9ea0"，按快捷键"Alt+Delete"将前景色填充到选区中。设置该图层的不透明高度为20%，如图8-38、图8-39所示。

图 8-38 设置"门阴影"图层　　　　　图 8-39 "门阴影"设置后的效果

（5）新建图层，并重命名为"门边阴影"，选择"多边形套索"工具，绘制门阴影区域选区。选择"渐变"工具，设置前景色为"#a3a5a7"，在渐变工具栏中，选择"前景色到透明渐变"。在选区中从左往右，将渐变色填充到选区中。设置该图层的不透明度为56%，如图8-40、图8-41、图8-42所示。

图 8-40 选择"渐变"工具　　　图 8-41 设置"门边阴影"图层不透明度

图 8-42 设置"门边阴影"后的效果

（四）制作室外风景

（1）置入风景素材"绿色风景.jpg"，将该素材图层移动到"门"图层和"门框"图层的下方，如图8-43所示。

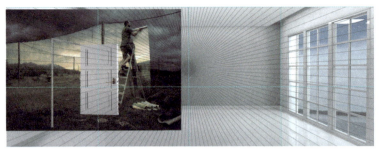

图 8-43 置入风景素材

（2）选择"绿色风景"图层，点击图层面板下方的"添加蒙版"按钮，为图层添加蒙版。选择前景色为黑色，按快捷键"Alt+Delete"将前景色填充到蒙版图层中。将蒙版图层颜色设置为黑色后，图像变得不可见，如图 8-44、图 8-45、图 8-46 所示。

图 8-44 添加图层蒙版

图 8-45 在图层蒙版中填充黑色

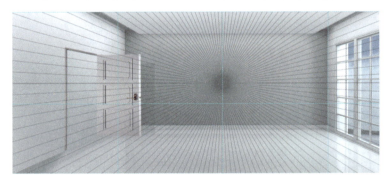

图 8-46 添加图层蒙版后的效果

（3）选择"多边形套索"工具，在门框内部建立选区。选择前景色为白色，按快捷键"Alt+Delete"将前景色填充到蒙版图层中。按快捷键"Ctrl+D"取消选区。蒙版图层颜色设置为白色后，白色区域图像变成可见状态，如图 8-47、图 8-48 所示。

图 8-47 图层蒙版的门框区域填充白色

图 8-48 设置后的图层蒙版效果

（4）选择"画笔"工具，设置画笔大小为70像素，不透明度为100%，流量为40%，平滑为60%。设置前景色为白色。选择蒙版图层，在门框下方进行涂抹，以呈现出风景从门外倾泻而入的感觉，如图8-49、图8-50所示。

图 8-49 选择"画笔"工具

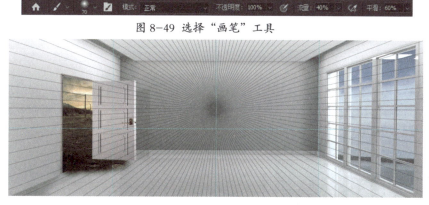

图 8-50 设置后风景倾泻而入的效果

（五）添加挂画素材

（1）置入挂画素材"挂画.png"，使用"自由变换"工具，选择"斜切"并参照透视参考线位置，对画框进行斜切调整，并移动到门框左侧的墙上，如图8-51所示。

图 8-51 置入"挂画"素材

（2）双击"画框"图层，设置图层样式效果。勾选"投影"选项，设置不透明度为50%，角度为45度，距离为10像素，大小为27像素，如图8-52所示。

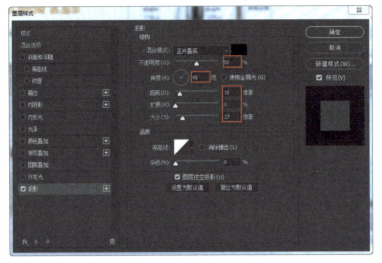

图 8-52 设置"画框"图层样式

（六）置入窗帘元素

置入窗帘元素"窗帘.png"，使用"自由变换"工具，选择"斜切"并参照透视参考线位置，对窗帘进行斜切调整，并移动到房屋右侧的窗户上。设置"窗帘"图层的不透明度为73%，如图8-53、图8-54所示。

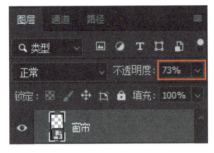

图 8-53 设置"窗帘"图层的不透明度

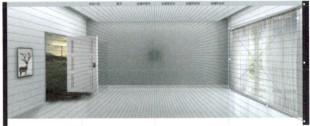

图 8-54 "窗帘"图层设置后的效果

（七）置入花盆元素

（1）置入花盆元素"花盆.png"，使用"自由变换"工具，调整元素大小，并将其移动到右侧窗帘左侧，如图8-55所示。

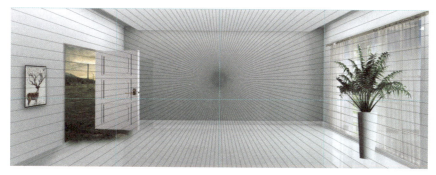

图 8-55　置入花盆素材

（2）复制"花盆"图层，并重命名为"花盆倒影"。使用"自由变换"工具，在调整框上点击右键，选择"垂直翻转"命令，并将其移动到花盆图像的下方，如图8-56、图8-57所示。

图 8-56　选择"垂直翻转"命令

图 8-57　制作"花盆倒影"并移动

（3）设置"花盆倒影"图层的不透明度为40%，呈现花盆倒影的效果，如图8-58、图8-59所示。

图 8-58　设置"花盆倒影"图层不透明度

图 8-59　"花盆倒影"效果

（4）选择"矩形选框"工具，建立房屋下方的倒影选区。按"Delete"键删除多余的倒影部分图像，如图8-60、图8-61所示。

图8-60 创建房屋下方倒影选区

图8-61 删除多余花盆倒影

（八）置入产品元素

（1）置入产品素材"首焦产品1.png"和"首焦产品2.png"，使用"自由变换"工具，调整产品图像的角度、大小和位置，如图8-62所示。

图8-62 置入产品素材

（2）在"首焦产品1"图层和"首焦产品2"图层下方新建图层，并重命名为"产品阴影"。选择"画笔"工具，设置画笔大小为70像素，不透明度为40%，流量为30%，平滑为40%。在产品底部绘制阴影效果，如图8-63、图8-64所示。

图8-63 选择"画笔"工具

图8-64 "产品阴影"效果

（九）添加场景文字

选择"横排文字"工具，设置第1行文字大小为39点，第2行文字大小为52点，第3行文字大小为22点，第4行文字大小为22点。参照图8-65效果，输入文字内容。

图 8-65　添加并设置文字

（十）取消透视参考线

选择"透视参考线"图层，将图层设置为不可见状态，如图8-66所示。

图 8-66　设置"透视参考线"图层为不可见状态

第五节　热卖单品模块设计

一、效果展示

热卖单品模块设计效果如图8-67所示。

图 8-67　热卖单品模块设计效果

热卖单品
模块设计

二、设计分析

　　热卖单品模块的重要性仅次于首焦模块，需要展现的一般都是流量爆款或者高转化率产品。页面设计上与首焦保持一致的风格，搭建出和煦阳光和青草绿地的场景效果。

三、步骤详解

（一）添加背景效果

　　（1）新建图层组，并重命名为"热卖单品1"。在图层组中新建图层，并重命名为"背景"。选择"矩形选框"工具，设置选框工具中的样式为固定大小，宽度为1920像素，高度为610像素。在页面中绘制矩形选区，如图8-68、图8-69所示。

图 8-68　选择"矩形选框"工具

图 8-69　绘制矩形选区

　　（2）设置前景色为"#e0e0e0"，选择"渐变"工具，设置渐变类型为"前景色到透明渐变"。在矩形选区内从下往上绘制渐变效果。设置"高斯模糊"半径为4像素，如图8-70、图8-71、图8-72所示。

图 8-70 选择"渐变"工具　　　　　图 8-71 设置"高斯模糊"半径

图 8-72 设置渐变后的效果

（二）绘制展架

（1）选择"矩形"工具，设置填充色为白色，描边为无色。在场景中绘制矩形。将该图层重命名为"展架上"，如图8-73所示。

图 8-73 选择"矩形"工具填充白色

（2）在矩形下方继续绘制另一个矩形，将该图层重命名为"展架底"。设置填充效果为渐变。调整渐变的颜色区间，设置渐变类型为径向，渐变角度为0，选中"反向渐变颜色"，设置缩放为330%，如图8-74、图8-75所示。

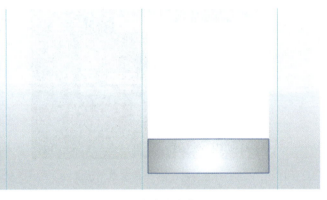

图 8-74 设置渐变工具效果　　　　　　　图 8-75 调整渐变颜色区间

（3）使用"自由变换"工具，选择"透视"对矩形下方进行调整，如图8-76所示。

图 8-76 对矩形下方进行调整

（4）选择"移动"工具，选中"展架底"图层，按住"Alt"键的同时按"↓"键，创建15个"展架底"的拷贝图层，以制作出自然的底板厚度。同时选中15个拷贝图层，选择"合并形状"命令，将多个图层合并为1个图层。重命名该图层为"展架厚度"，如图8-77至图8-80所示。

图 8-77 创建"展架底"图层　　图 8-78 拷贝　　图 8-79 选择"合并
　　　　　　　　　　　　　"展架底"图层　　　　形状"命令

图 8-80　"展架厚度"图层效果

（5）复制"展架底"图层，重命名为"展架阴影"并移动到"展架厚度"图层下方。选择"移动"工具，将该图像移动到展架下方。选择"矩形"工具，设置填充色为黑色，如图8-81所示。

图 8-81　移动"展架厚度"图层到展架下方并填充为黑色

（6）设置"展架阴影"图层的不透明度为20%，设置"高斯模糊"半径为10像素，如图8-82、图8-83、图8-84所示。

图 8-82　设置"展架阴影"图层不透明度　　图 8-83　设置"高斯模糊"参数

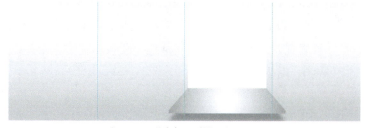

图 8-84　"展架阴影"图层效果

（三）设置展架背景

（1）置入展架背景"草地.jpg"，使用"自由变换"工具，调整图像的大小和位置。设置该素材的"色相/饱和度"参数。设置色相为−17，饱和度为+26，明度为+16，以提高图片整体的呈现效果，如图8-85、图8-86所示。

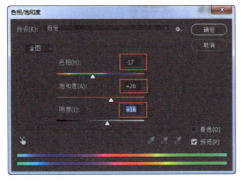

图8-85 调整背景"色相/饱和度"参数

图8-86 调整"色相/饱和度"后的效果

（2）创建"草地"图层的图层蒙版。将前景色设置为黑色，并填充到蒙版中，如图8-87所示。

图8-87 创建"草地"图层蒙版

（3）按住"Ctrl"和鼠标左键，创建"展架上"图层选区。设置前景色为白色，在"草地"图层蒙版上将选区填充为白色。

（4）按住"Ctrl"和鼠标左键，创建"展架底"图层选区。设置前景色为白色，在"草地"图层蒙版上将选区填充为白色。

（5）对"草地"图层执行"栅格化"命令，如图8-88所示。

选择"画笔"工具，设置画笔大小为60像素，画笔类型为干介质画笔中的"Kyle的终极粉彩派对"。设置前景色为黑色，在"草地"蒙版图层中绘制，以呈现草地自然过渡的效果，如图8-90、图8-91所示。

图 8-88　对"草地"图层执行"栅格化"命令

图 8-89　在"草地"蒙版中进行绘制

图 8-90　选择"画笔"工具
并设置参数

图 8-91　草地自然过渡效果

（6）按住"Ctrl"键和鼠标左键，创建"展架上"图层的选区。点击"选择"—"修改"—"扩展"命令，在对话框中设置扩展量为5像素。在"展架上"图层下方新建图层，并重命名为"展架背景"。设置前景色为"#fedd58"，将前景色填充至"展架背景"图层的选区中，如图 8-92、图 8-93 所示。

图 8-92　"扩展选区"对话框　　图 8-93　将前景色填充至"展架背景图层"

（四）添加产品素材

（1）置入产品素材"热卖单品1.png"，使用"自由变换"工具，调整产品图片的大小和位置，如图8-94所示。

图8-94 置入产品素材并调整

（2）在"热卖单品1"图层下方创建新图层，并重命名为"产品阴影1"。选择"矩形选框"工具，在产品下方绘制矩形阴影选区。选择"渐变色"工具，设置渐变颜色范围为黑色到白色，将渐变色纵向填充到选区中。设置"产品阴影"图层的不透明度为50%。设置"高斯模糊"的半径为10像素，如图8-95、图8-96、图8-97所示。

图8-95 新建"产品阴影1"图层　图8-96 设置"高斯模糊"参数

图8-97 产品阴影渐变效果

（3）使用"自由变换工具"调整阴影角度，选择"斜切"调整阴影的角度，如图8-98所示。

图 8-98　调整阴影角度

（4）复制"产品阴影1"图层，并重命名为"产品阴影2"。使用"自由变换"工具，选择"斜切"调整阴影的角度，使其与"产品阴影1"图层的阴影方向相反，让产品阴影呈现出真实的照射效果，如图8-99所示。

图 8-99　设置产品阴影真实照射效果

（5）选择"横排文字"工具，设置文字大小，按照图8-100效果，添加文字内容。

图 8-100　添加文字内容并设置

本章小结

1．店铺首页一般包含三大部分，分别是页头、页面和页尾，主要起到展示品牌形象、店铺引导、活动宣传和产品推荐等等作用。

2．店铺首页中通常包含店招、导航、首焦、产品分类、产品推荐、产品物流、产品保障等模块。

3．通过案例详细分析店铺首页整体布局及设计。

4．使用Photoshop软件完成店铺首页主要模块的设计。

推荐书籍

1．万晨曦，邱新泉．美工之路：淘宝天猫美工一本通[M]．北京：人民邮电出版社，2019．

2．方玲，毛利．电商视觉营销全能一本通[M]．北京：人民邮电出版社，2021．

本章习题及案例素材

拓展篇

- 移动端视觉呈现
- 跨境电商视觉设计

第九章　移动端视觉呈现

学习要求

　　随着移动互联网时代的到来，移动电子商务受到热捧，掌握移动端视觉设计是电商美工的必备技能。

　　通过本章的学习，读者能够了解移动端设计的理念，熟悉移动端设计的基本元素，掌握移动端页面的设计与布局的基本技能，提升移动端视觉呈现效果。

第一节　移动端设计理念

　　导入：移动端是电商发展的主要趋势，移动端和PC端在设计理念上有哪些区别，在设计上又有哪些具体的要求呢？本节将主要介绍移动端设计理念与基础知识。

■ 移动端设计理念

一、移动端发展趋势

　　中国互联网络信息中心（CNNIC）在2022年2月发布的第49次《中国互联网络发展状况统计报告》中指出，截至2021年12月，我国网民规模约为10.32亿，我国手机网民规模约为10.29亿，网民中使用手机上网的比例为99.7%。手机网民数量和比例呈现出逐年增长的趋势，手机接入互联网比例远远高于其他接入设备，如图9-1所示。

图 9-1　手机网民规模及其占整体网民的比例

资料来源：中国互联网络发展状况统计调查

二、移动端屏幕和分辨率

（一）概述

在进行移动端设计之前，需要了解移动端设备的类型及主流分辨率。

移动端设备主要包括手机、平板电脑、笔记本电脑等移动设备。其中，笔记本电脑、平板电脑的视觉呈现方式和台式计算机相似，均以横屏方式进行展示，分辨率相差不多。而手机主要以竖屏展示为主，屏幕尺寸与分辨率与其他设备存在较大的差异。因此，在移动端设计中，主要关注手机端页面设计部分。

（二）手机屏幕主流分辨率分析

手机型号、屏幕及分辨率变化非常迅速，可以通过大数据平台，实时关注最新流行的手机型号及主流分辨率大小，并及时调整移动端页面的设计风格。

例如，百度统计流量研究院是中国权威的互联网数据中心，能查看最新的手机型号、分辨率等排行信息，很直观地告诉用户最新的手机流行趋势。

（1）打开百度统计页面https://tongji.baidu.com/research/app，选择右上角的Android或者IOS平台，在品牌中，可以查看到目前手机品牌的排名情况，如图9-2所示。

图 9-2 百度统计流量研究院手机排名情况

（2）点击左侧的分辨率选项，查看目前主流的分辨率排名。从数据中可以看出，Android系统中主流的分辨率为1080像素×1920像素，其次是720像素×1280像素。

（3）重新选择右上角的IOS平台，查看该系统下分辨率排名。从数据可以看出，IOS系统的主流分辨率为898像素×1792像素，其次是1125像素×2436像素。

结合以上的数据分析，在进行移动端页面设计过程中，必须以目前主流的分辨率作为设计的参考，页面设计时参照主流分辨率1080像素×1920像素及898像素×1792像素，并尽量兼容720像素×1280像素及1125像素×2436像素分辨率。

在移动端中，较小分辨率页面显示在较大分辨率上时，只要在原页面基础上进行页面倍数放大即可。而较大分辨率页面显示在较小分辨率屏幕上时，容易出现图片显示偏差、文字段落错误或图文混排混乱等一系列问题。因此，在4个主流分辨率中，为了更好地兼容其他分辨率手机屏幕，建议选择分辨率相对小一些的作为主要参考分辨率。

在主流分辨率中，选择1080像素×1920像素作为页面设计分辨率大小。页面设计宽度应为1080像素，高度则可根据内容的多少自定义。

三、移动端2秒原则

页面加载速度是影响用户体验的关键因素。在进行移动端页面设计时，尽量用最少的时间，让用户浏览到比较满意的页面效果，需要遵守移动端2秒原则。

移动端2秒原则，即要求在2秒内将事情讲清楚。根据用户在等待页面缓冲时的心理变化，可以得出以下规律。

（1）<0.1秒：用户感觉页面反馈是即时的，用户体验度较高。

（2）0.1～1.0秒：用户会感觉有所延迟，但还是愿意继续停留在当前页面上。

（3）2.0～1.0秒：用户会感觉交互有障碍，系统仍在处理中并且不知道什么时候结束。

（4）8.0～11.0秒：用户会开始感到不耐烦，并且产生离开的想法。

（5）>12.0秒：大部分用户都不愿意再继续等待了，直接退出页面。

互联网上的广告图，只有2秒的生存时间。超过2秒时间，要么被忽略，要么被关闭。以微信H5页面为例，一般在2秒的时候，页面会加载到半屏或者全屏，无论是哪种情况，用户首先看到的都是页面的上半部分，因此，一定要将最重要、吸引眼球的内容放在页面的这个位置，吸引用户继续观看。在设计手机端页面时，必须要考虑前2秒的主要内容，并以最快的速度展示给用户。

四、Ps Play——Photoshop的移动端预览神器

页面设计通常在PC端进行，但设计的效果却需要在手机端上展示。Ps Play APP可以帮助用户在手机端实时查看PC端页面设计效果，便于调整页面设计，如图9-3所示。

Ps Play是一款可通过Wi-Fi网络，实时在终端设备上预览电脑上的Photoshop设计稿，可同步调试及截图保存到移动终端，并可以通过e-mail、微信等工具进行即时分享的跨终端应用。

图9-3　Ps Play APP

（1）首先打开 Ps Play 官方首页：https://isux.tencent.com/resources/psplay/，在页面中选择下载适合的手机版本应用。

（2）在手机端安装相应的应用程序。打开安装好的手机应用，并确保手机端和 PC 端在同一个局域网环境中，点击"开始使用"按钮，如图 9-4 所示。

（3）点击右上角"+"按钮，添加 Photoshop 服务器，如图 9-5、图 9-6 所示。

图 9-4 Photoshop 手机端安装界面

图 9-5 点击"|"按钮

图 9-6 添加 Photoshop 服务器

（4）打开 Photoshop 2019 软件，点击"编辑"—"远程连接"命令。勾选"启用远程连接"命令，填写"密码"文本框，同时记录 IP 地址信息，最后点击"确定"按钮，如图 9-7 所示。

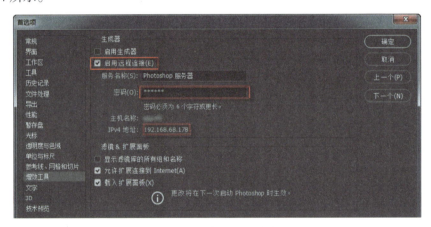

图 9-7 启用远程连接

（5）在手机端的 Ps Play APP 中，输入 Photoshop2019 软件中的 IP 地址及密码信息，并点击"确定"按钮，如图 9-8、图 9-9 所示。

图 9-8 手动加入连接　　　　　　　　　　图 9-9 连接成功界面

（6）在Photoshop 2019软件中打开移动端设计文件，在手机端将同步显示设计效果。如图9-10、图9-11所示。

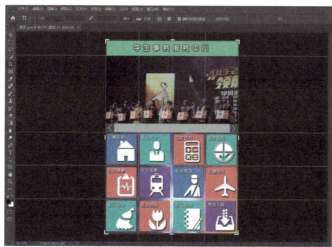

图 9-10 打开设计文件　　　　　　　　　图 9-11 手机显示效果

通过Ps Play APP可以实时查看页面设计时的显示效果，给移动端设计提供了很大的方便。

第二节 移动端页面设计元素

■ 移动端页面设计元素

导入：由于移动端和PC端在尺寸、分辨率上都存在着较大的差异，因此在对移动端进行页面设计的过程中，需要重新选择适合移动端屏幕的设计元素，为移动端用户呈现最佳的视觉效果。

一、字体元素设计

在移动端页面设计中，为了给用户呈现最佳的阅读效果，需要选择一套合适的字体和字号。下面通过对手机淘宝APP的字体和字号使用情况的调研，来寻找适合移动端屏幕显示的字体和字号。

（1）在手机端打开手机淘宝APP，截取手机淘宝首页及详情页，并保存到PC端。使用Photoshop软件打开手机截图。

（2）点击工具栏中的标尺工具，并使用标尺工具测量图片中文字的像素大小。通过测量，发现手机淘宝首页的栏目文字使用的是32像素大小的字号，如图9-12、图9-13所示。

图9-12 选择"标尺"工具

图9-13 测量手机淘宝首页文字大小

（3）使用相同的方法，测量页面中其他字号大小，如图9-14、图9-15所示。

图 9-14　测量淘宝手机主页字号　　图 9-15　测量天猫产品主图页面字号

通过对两个页面的分析，发现在当前电商平台中，主流的字号是40像素，标签文字较多使用32像素。首图的文字设计中，一般选择60像素左右的字号，以便于清楚地展示相关信息。在移动端设计过程中，尽量选择较大的字号来呈现文字内容，避免屏幕尺寸过小所导致的文字无法看清的现象。

在前面的章节中已经介绍过，中文字体中两个有代表性的分类——宋体和黑体，分别对应着衬线体和无衬线体。

在PC端的电子商务平台，如淘宝网站首页，通常使用宋体类（衬线体），如图9-16所示。

图 9-16　淘宝网站首页字体以宋体类（衬线体）居多

在电子商务移动端的APP中，如手机淘宝首页，使用黑体类字体（无衬线体）居多，黑体类字体在移动端呈现出的视觉效果会更好。在移动端会使用到的黑体类字体主要包括黑体、微软雅黑两种。

二、图形元素设计

在移动端设计过程中，为节省流量，充分传递商品信息，通常会选择使用不同的形状作为设计的基本元素，让页面变得丰富多彩。

常用的形状包括圆形、三角形、四边形、五边形及六边形，如图9-17所示。在移动端页面中，圆形、三角形和四边形使用最多。

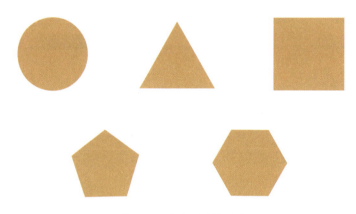

图 9-17 多边形设计元素

（一）圆形设计元素

电子商务类APP的首页栏目与店铺页面中，常常运用到圆形，例如，店铺首页海报、商品详情页，较多地使用圆形作为设计的基本元素，如图9-18、图9-19、图9-20所示。

图 9-18 圆形设计元素示例 1

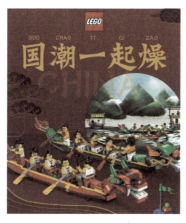

图 9-19　圆形设计元素示例 2

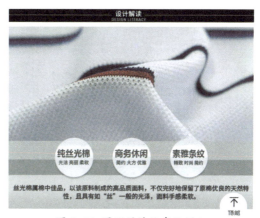

图 9-20　圆形设计元素示例 3

圆形与图片设计进行搭配，往往能呈现出非常不错的效果。

（二）三角形设计元素

三角形元素也经常在移动端页面中使用。三角形可以呈现出酷炫的感觉。通常在移动端APP的轮播图广告、首页促销图及商品详情页会有较多的展示和运用，如图9-21、图9-22所示。

图 9-21　三角形设计元素示例 1

图 9-22　三角形设计元素示例 2

从以上案例可以发现，在轮播图设计中，三角形常被作为背景元素来进行设计；在商品详情页设计中，三角形常被用作装饰图案。三角形在内容展示上，常常起到指引作用，吸引用户点击。

（三）四边形设计元素

四边形与圆形、三角形一样，是电子商务页面设计中最常用的图形元素之一。四边形在设计上的变化较圆形和三角形更为出色，在页面呈现中，可以表现为正方形、矩形、菱形、圆角矩形等多种形状，如图9-23至图9-26所示。

图 9-23 四边形设计元素示例 1

图 9-24 四边形设计元素示例 2

图 9-25 四边形设计元素示例 3

图 9-26 四边形设计元素示例 4

在以上案例中可以发现，四边形常被用作首页设计的图案背景，在轮播图中还常被设计为斜四边形背景，展示出舞动的动态效果。在商品详情页中，四边形也常被设计为商品信息展示的背景，以突出文字内容。

在移动端设计中，一般会将多个形状元素进行混合使用，多个形状的混合使用，不但能丰富页面整体的表现形式，而且可以使页面更加有趣和精彩。

三、布局设计

由于移动端屏幕尺寸有限，在移动端设计中，必须重视页面的布局设计。目前在电子商务类移动端页面中，主要有上下布局和左右布局两种方式。

（一）上下布局

上下布局是移动端最常用的布局方式，也是最直观的布局方式，这种布局方式符合移动设备用户上下滑动阅读的习惯。目前店铺主页、详情页设计较多采用简约的上下布局方式，如图 9-27、图 9-28 所示。

图 9-27　上下布局效果 1

图 9-28　上下布局效果 2

在上面的案例中，左侧的店铺首页广告采用了上下布局的形式呈现标题文字和商品图片。右侧的详情页同样使用了上下布局的形式，页面设计美观、大气。

（二）左右布局

除了上下布局，左右布局也是较为常见的移动端页面布局形式。相对上下布局，左右布局显得较为复杂，一般在内容介绍页中较多地运用，如图9-29、图9-30所示。

图 9-29　左右布局效果 1

图 9-30　左右布局效果 2

产品详情页中的产品特征、规格信息及产品对比信息部分，往往采用左右布局方式，便于用尽可能少的篇幅呈现给用户更多的信息。由于手机屏幕尺寸的限制，较少使用超过三栏的页面布局设计，建议读者慎用。

第三节　电商平台移动端设计

电商平台
移动端设计

导入： 由于屏幕大小、分辨率等差异，移动端首页设计、布局与PC端存在较大的区别，本节内容主要介绍移动端的首页设计与布局方法。

一、移动端首页布局

目前境内主流电商平台的移动端如手机淘宝、京东等，在页面布局上具有较高的相似度，主要包括固定区域和非固定区域。固定区域包括店铺名称、店标、店招等信息；非固定区域包括首屏广告、轮播图、销量排行、首焦、推荐宝贝等信息。图片布局包括单列图片模块、双列图片模块、新老客模块、左文右图模块、多图模块等组合方式。整体布局如图9-31所示。

固定区域 店铺名称、店标、店招
非固定区域 首屏广告、轮播图、销量排行、首焦、推荐宝贝等 **图片布局** 单列图片模块、双列图片模块、新老客模块、左文右图模块、多图模块

图9-31 移动端首页布局

非固定区域是移动端店铺装修设计的主要部分。一般在移动端页面布局中，首先会呈现首屏广告信息，以单列图片或者轮播图的形式呈现，用最新的活动或促销产品为主题抓取买家的眼球，吸引买家继续往下浏览，从而给店铺带来流量。其次呈现产品、老客新客图片、双列图像、销售排行、推荐宝贝等，如图9-32、图9-33、图9-34所示。

图 9-32 首屏图片示例 1 　　图 9-33 首屏图片示例 2 　　图 9-34 首屏图片示例 3

在页面设计过程中，这些版块的摆放顺序并没有固定要求，可根据需求进行设计。

二、移动端首页模块设置

设计移动端首页时，须根据每个电商平台的设计要求，对首页的各个元素进行设计。下面以手机淘宝为例，从店标、店招、首屏广告、双列图片、老客新客模块、左文右图模块等方面进行介绍。

（一）店标

移动端店铺的店标在淘宝后台的"通用设置"—"基本信息"里进行设置，选择"店铺logo设置"，设置店标。店标设计必须符合平台的规定，尺寸大小设为120像素×120像素，格式以JPG、JPEG、PNG为宜，如图9-35、图9-36所示。

图 9-35 选择"基础设置"　　　　　　图 9-36 店标设置

也可以通过手机端对页面底部的店铺标志进行设置，如图9-37所示。

图9-37 通过手机端设置页面底部店铺标志

（二）店招

移动端店招和PC端店招的作用是一样的，都是线上店铺的招牌，也是线上店铺的门面。根据淘宝手机端页面设计要求，店招大小设为750像素×580像素，格式以JPG、PNG为宜。店招需结合店内商品的品牌特点和产品特征进行设计。

点击"基础设置"—"店招设置"设置店招图片，如图9-38、图9-39所示。

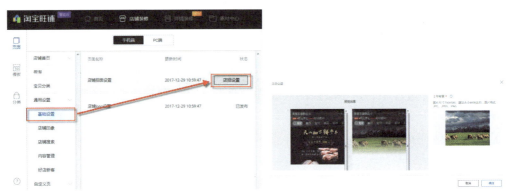

图9-38 选择"店招设置"　　　　　　　　　　图9-39 设置店招图片

也可以在手机端装修页面中，点击店招模块进行设置，如图9-40所示。

图9-40 在手机端装修页面中对店招模块进行设置

（三）首屏广告

受到手机屏幕尺寸的限制，打开移动端平台店铺首页时，最先呈现给买家的除了店名、店标和店招外，最主要的就是首屏广告。作为店铺最重要的引流广告，首屏广告一般选用产品新款、爆款、促销活动为设计重点，抓取用户的眼球，引导用户继续浏览其他内容。因此，首屏广告是决定其他内容能否有机会呈现在买家面前的关键性因素。

　　首屏广告在呈现效果上可采用美颜切图模块或单列图片模块。美颜切图能对一张图片快速进行热区划分，并添加对应的链接。通过美颜切图可实现对店铺较为灵活的设计，淘宝手机端美颜切图模块要求图片宽度为750像素、高度为335~2500像素，格式为JPG或PNG。首屏广告也可以采用单列图片模块，要求宽度为750像素，高度为200~950像素，格式为JPG或PNG格式，如图9-41、图9-42所示。

图 9-41　美颜切图模块

图 9-42　单列图片模块

（四）双列图片

　　双列图片模块就是以左右两张图片的形式呈现信息，以较少的篇幅展现给买家更多的内容。根据淘宝手机端页面设计要求，双列图片模块使用宽度为351像素、高度为100~400像素大小的JPG、PNG格式图片。同时，要求两张图片的高度必须完全一致，如图9-43所示。

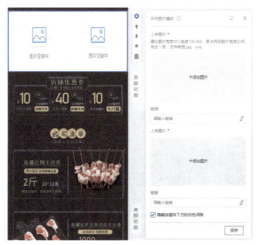

图 9-43　双列图片模块

（五）新老客模块

新老客模块，即针对移动端的不同买家自动显示不同的图片。如果该买家未在该店铺购买过商品，则被平台认定为新客，否则被平台认定为老客。通过新老客图片，可以有针对性地为不同类型的客户推荐不同的商品，也可以提供不同的营销广告。老客图片的主要设计目标是刺激客户进行多次消费，变为忠实流量；新客图片的设计目标是吸引客户浏览并下单，如图9-44所示。

根据淘宝手机端页面设计要求，新老客模块使用大小为750像素×375像素的图片。

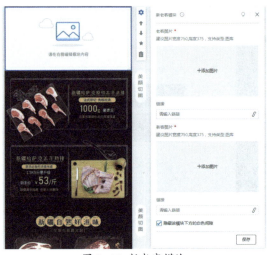

图9-44 新老客模块

（六）左文右图模块

左文右图模块是移动端页面设计中特有的展现形式，采用文字和图片共同呈现的方式来展现商品宣传的效果，目的是对商品进行详细的展示。

根据淘宝手机端页面设计要求，左文右图模块使用608像素×160像素大小的JPG、PNG格式图片，如图9-45所示。

图9-45 左文右图模块

本章小结

1．介绍了移动端的发展趋势和移动端2秒原则。

2．介绍了移动端设计的基本元素，包括文字元素、图形元素及页面布局方式。

3．移动端首页主要包括固定区域和非固定区域。固定区域包括店铺名称、店标、店招等信息。非固定区域包括首屏广告、轮播图、销量排行、首焦、推荐宝贝等。图片布局包括单列图片模块、双列图片模块、新老客模块、左文右图模块、多图模块等信息。

4．介绍了移动端店铺各模块的具体设计方法。

推荐书籍

卢维贤．移动端卖货式设计[M]．北京：人民邮电出版社，2021．

本章习题

第九章习题

第十章 跨境电商平台视觉设计

学习要求

如何做好视觉营销，实现店铺产品高转化率是跨境电商美工需要关注的一个重要问题。

通过本章的学习，读者可以了解四个主流跨境出口电商平台对产品图片设计的要求，同时掌握速卖通店铺首页和详情页设计。

第一节　跨境电商主流平台图片设计

跨境电商主流平台图片设计

导入：近年来，跨境电子商务蓬勃发展，对视觉营销提出了更高的要求。跨境电商和境内电商对产品图片的要求一样吗? 几个主流的跨境出口电商平台在产品图片设计上有哪些具体的要求呢?

一、亚马逊 listing 图片要求

亚马逊是美国最大的网络零售商，网站最初采取自营模式，以售卖书籍为主，现在则扩展为全品类经营。亚马逊在全球有18个站点，在美国、英国、德国、意大利、法国、日本和西班牙等国家都有较大的市场。图片是卖家给客户展示产品最直接有效的方式，在产品 listing 的优化中至关重要。如果图片质量和标准没有达到亚马逊平台的要求，则可能会影响产品的发布和推广。

（一）亚马逊产品图片基本要求

亚马逊平台的产品图分为主图和辅图，其中1个 listing（产品页面）只能有1张主图，辅图最多8张。如图10-1所示，这是亚马逊平台上销售的一款运动鞋，最左边纵向显示了7张小图，其中第一张是主图，后面6张是辅图。平台对高度或宽度超过1000像素的图片提供了放大功能，这样买家能放大图

图 10-1　亚马逊平台产品主图与辅图

片查看产品局部细节。建议卖家尽量选用尺寸在1000像素×1000像素以上的图片。另外，当产品图片的横向和纵向比例是1∶1.3时，在亚马逊的网站上会达到最佳的视觉效果。同时考虑到美观因素，建议主图与辅图尺寸一致。亚马逊平台支持JPEG、TIFF、GIF等类型的图片格式，建议使用JPEG格式的图片，其上传速度比较快。

（二）亚马逊产品主图要求

亚马逊平台要求产品主图背景必须是纯白色，而且主图必须是产品的实物图，不能带商标和水印。另外，主图中的产品最好占据图片大约85%的空间；产品必须在图片中清晰可见；需要显示整个产品，不能只有部分或多角度组合图。

有些类目（如服装、内衣、袜子等产品）允许有模特，但只能使用真人模特。以女装为例，拍摄主图过程中模特必须是正面站立，不能是侧面、背面、坐姿，也不可能用多角度组合图。如图10-2所示的主图，右边是局部放大后的效果，主图模特身上不能有非售物品。袜子单卖需放单双主图，成套卖需要将所有套装中的袜子放在主图中，但不能有卡纸。

图 10-2 真人模特主图及局部放大效果

有些类目（例如箱包、珠宝、鞋子等产品）的主图则不允许使用模特。鞋子的主图必须是单只鞋子的照片，最好是左脚朝左。鞋子穿在模特脚上的效果只能出现在辅图中，不能出现在主图上。耳环主图要成对出现，如图10-3所示。

图 10-3 耳环主图　　　　　图 10-4 真实场景的台灯主图

小部分家居装饰用品主图不强制一定要用纯白背景，比如窗帘、沙发、床上四件套、蚊帐、灯具等产品，如图10-4所示，这款卧室的台灯主图采用真实场景，没有使用纯白背景。

（三）亚马逊产品辅图要求

亚马逊产品辅图可以展示产品细节、其他方面或搭配图等。辅图可以对产品做不同面的展示，也可以展示产品的使用场景，或对在主图中没凸显的产品特性做补充，亚马逊产品listing中可以最多添加8张辅图。

辅图最好也和主图一样用纯白的背景，但不做强制要求。产品必须在辅图中清晰可见，如果有模特，最好是真人站立的姿势。另外辅图不能带商标和水印（产品本身的商标除外）。

（四）亚马逊A+页面

创建亚马逊 A+ 页面

所谓亚马逊A+页面是指图文版商品详情页面。亚马逊平台普通的详情页面只能添加文字，后来平台允许已经通过亚马逊品牌备案的卖家创建A+页面，通过它可以使用额外的图片和文本进一步完善商品描述部分。也就是说，A+页面是图文版详情页面，而普通详情页只能显示文字。

亚马逊A+页面看上去简单，实际上它将对亚马逊"页面转化率"产生深远影响。通过A+页面，把亚马逊产品页面上的产品描述(Product Description)变成展示品牌和产品优势的黄金位置，通过图文结合展示，可以充分体现产品的品牌、产品细节、公司理念。数据表明，带有A+页面的产品转化率比普通页面高出40%以上。

二、eBay listing 图片要求

eBay是一个面向全球消费者的线上购物及拍卖网站，拥有美国、加拿大、奥地利、比利时、法国、德国、爱尔兰、意大利、荷兰、中国台湾、中国香港等国家和地区的独立站点。高品质的产品图片是高转换率的有效保证，在eBay平台上也是如此。根据eBay平台的图片政策，卖家在eBay进行销售时至少在listing中上传1张图片，同时eBay建议上传更多高质量、高精度的图片，最多可以刊登12张图片，以增加成功销售的机会。

eBay平台对listing图片的背景没有具体要求，但建议每张产品的图片尺寸在500~1600像素，对最长边小于800像素的图像将不会启用放大功能，图片大小不能超过7MB；二手、翻新或损坏的产品不得使用新品图；不能出现店标、宣传和促销等信息；产品图片不能有边框、文本（如"免运费"、卖家店标）、插图或图标；可以使用水印来标明图片所有权和归属权，但不能用于营销；鼓励卖家自行拍摄图片，切勿盗图。eBay listing图片如图10-5所示。

　　如果违反图片政策，listing可能面临下架，eBay也会采取其他措施进行惩罚，例如不返还成交费或限制售卖的额度权限等。

∞ eBay
平台政策

图 10-5　eBay listing 图片

三、全球速卖通产品图片要求

　　全球速卖通（AliExpress，以下简称速卖通）是阿里巴巴旗下面向全球市场打造的在线交易平台，该平台面向境外买家，支持18种语言，通过支付宝国际账户进行担保交易并使用国际快递发货，是全球第三大英文在线购物网站。随着跨境电商的不断发展，速卖通平台也越来越重视产品品质的呈现，产品图片的视觉效果将直接影响平台营销活动的入选概率。速卖通产品的图片分为主图、颜色图和详情图。

　　速卖通平台对主图和详情图有一定的要求，主图建议6张，详情图建议5张以上，图片格式为JPEG，文件大小在5M以内；建议图片尺寸大于800像素×800像素；横向和纵向比例建议在1∶1到1∶1.3之间；图片中产品主体占比建议大于70%；背景为白色或纯色，风格统一；如果有商标，建议放置在左上角，不宜过大。不过不同行业对产品图片的要求略有不同，如图10-6所示。

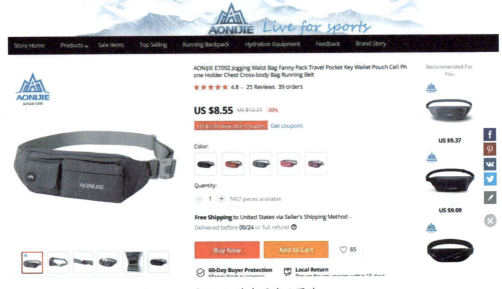

图 10-6 速卖通产品图片

四、Wish产品图片要求

Wish是一个专注移动端主营低价商品的跨境电商平台，每年约有1亿人次的访问量。它利用智能的推送技术，直接为每一位买家推送可能喜欢的产品，采用精准营销的方式，吸引了全球大量买家。

Wish平台对产品图片的要求和亚马逊基本相同，要求每个产品都必须上传1张或者多张清晰直观的产品图片，产品图也分为主图和辅图。产品图片尺寸建议为800像素×800像素或者更高，推荐使用JPEG格式。

主图的背景最好为纯白色，主图中的产品建议占据图片大约85%的空间且产品必须在图片中清晰可见；主图不能是绘图或者插图，不能包含实际不在订单内的配件和道具；不能带商标和水印（产品本身的商标除外）；如果有模特，必须是真人模特且为站立姿势，如图10-7所示。

产品辅图应该对产品做不同侧面的展示，或对在主图中没凸显的产品特性做补充展示，Wish产品listing中卖家最多可以添加8张辅图；辅图最好是纯白背景，但不做强制要求，不能带商标和水印（产品本身的商标除外）。

总体来说，Wish平台对图片的要求没有其他平台严格，如图10-8所示，目前有很多产品图片采用的都不是纯色背景，还有很多产品图片是拼接而成的。

图 10-7　Wish 真人模特图片

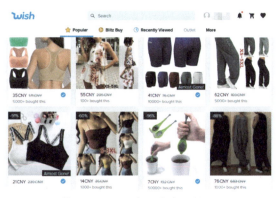

图 10-8　Wish 产品图片示例

五、跨境电商平台产品图片基本要求比较

优质的产品图片是提升产品成交转化率的重要保障，上述提到的几个平台对产品图片的要求基本相同，一般建议产品图片背景为白色或纯色，主图像素要求在800像素×800像素及以上，图片不能有边框和水印，不能拼图，对产品商标也有相应的规定，但平台之间也存在一定的差异，表10-1比较了四个平台对图片处理的基本要求。

表10-1　跨境出口电商主流平台图片要求比较

平台	亚马逊	eBay	速卖通	Wish
推荐像素	1000像素×1000像素及以上	800像素×800像素及以上	800像素×800像素及以上	800像素×800像素及以上
主图背景	纯白色	没有具体要求	白底或纯色	纯白色
商标	不允许	不允许	放置于主图左上角	不允许
边框和水印	均不允许	允许有水印	均不允许	均不允许
建议图片格式	JPEG	JPEG	JPEG	JPEG
主图拼接	不允许	不允许	童装允许两张拼图，其他行业不允许	不允许
刊登图片数	主图1张，辅图最多8张	最多12张	主图6张，详情图5张以上	主图1张，辅图最多8张
主图主体大小	图片主体最好占整张图片的85%左右	没有具体要求	图片主体要求占整张图片的70%以上	图片主体最好占整张图片的85%左右

六、产品图片常见问题及优化建议

虽然各跨境平台对上传的产品图做了较详细的规定，但还是有很多卖家没有关注平台规则，导致上传的产品图不规范进而影响流量。下面是几个常见问题及优化建议。

（一）产品图片常见问题

1.背景不是白色或纯色

为了能够突出产品，绝大多数跨境电商平台的产品主图都要求是白色或纯色的背景，如果上传的产品图片不符合要求，将会影响产品的搜索和排名。图10-9（a）是正确示例，图10-9（b）是错误示例。

a   b

图10-9 正确和错误的产品图片背景示例

2.产品分辨率不够高

最长边小于800像素的主图图像将不会启用放大功能，这将影响买家仔细查看产品的细节。

3.图片中加入拍摄道具

图10-10（a）是正确示例，图10-10（b）在腰包中加入杯子，会让买家误以为该杯子也包含在内进行销售，所以是错误示例。

a   b

图10-10 图片中未加入道具的正确示例和加入道具的错误示例

4.使用合成图夸大产品尺寸

图10-11所示的这款洗漱包的真实尺寸只有普通杂志的大小，但合成的照片过度夸大了产品的尺寸，误导买家，容易造成买家收货后的纠纷。

5.其他问题

过度夸大产品功能也会带来不必要的纠纷，如图10-12所示。还有一些平台明确规定不能使用拼图，但有些卖家还是在主图中进行拼图设计，进而影响产品的流量和转化。

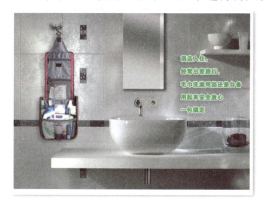

图10-11 尺寸夸大的洗漱包示例　　　　图10-12 过度夸大产品功能的示例

（二）产品图片优化建议

1.产品图片简单明了

上传产品前首先要明确平台对图片的具体要求，例如一共需要几张图片、是否需要白底图，同时要注意搜索引擎的抓取规则。产品图片要尽量简单明了、干净利落，带有边框、文本或其他装饰将不利于搜索引擎对图片的抓取。

2.注意图片格式及大小

上传图片时，在满足平台要求的情况下，要尽可能上传高清图片，同时合理选择图片格式。最常用的图像格式为JPEG，GIF格式适用于动画效果、缩略图和色彩单一的图片。建议跨境卖家尽量选用JPEG格式的图片，因为JPEG图像压缩效果较好，且肉眼看不出与其他格式的画质区别。

3.正确命名图片文件

除了考虑图片内容的优化，也要学会合理命名图片文件。在图片的文件名中适当添加一些产品信息，有助于搜索引擎快速检索。

4.注意图片版权

跨境电商平台更加注重知识产权、版权和肖像权的保护，未经正规授权，绝对不能私自盗用。同时卖家要注意对原始图片信息的保存，有效避免日后被其他卖家恶意投诉。

第二节　全球速卖通首页与详情页设计

导入： 全球速卖通是全球第三大英文在线购物网站，本节将系统介绍速卖通首页与详情页的设计原则和设计技巧。

全球速卖通首页与详情页设计

速卖通正式上线于2010年4月，是阿里巴巴旗下唯一面向全球市场打造的在线交易平台，也是全球第三大英文在线购物网站。该平台交易面向220多个国家和地区，平台涵盖了3C、服装、家居、饰品等共30个一级行业类目，海外买家数累计突破1.5亿。在近几年的发展中，速卖通平台也越来越重视店铺与产品的视觉呈现效果。

一、店铺首页设计

速卖通店铺首页通常包含店招、导航栏、首焦海报、店铺优惠券、类目入口、热卖商品、新品推荐、商品列表等模块，常见的店铺首页结构如图10-13所示，图10-13（a）为PC端的常见布局，图10-13（b）是移动端的结构。其中店招和导航栏的位置是固定的，处于店铺首页的最上方，其他模块的位置可以自由调整。不同的店铺可以根据自身需要设计不同的店铺首页结构。

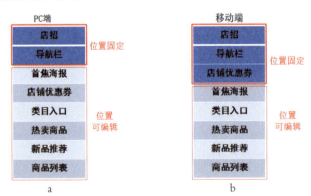

图 10-13　店铺首页设计模块

2018年以前速卖通后台只提供基础的首页设计功能，如果想要呈现更好的视觉效果，需要卖家另外购买装修模板。自2018年3月起，为了优化店铺装修的操作流程，提供更好的买家端访问体验，速卖通平台推出了新版店铺装修功能（http://shopdesign.aliexpress.com/decorate/managepage.htm）。新的装修版本经过一次装修，就能支持PC端和移动端两个终端的呈现，同时支持自定义页面功能和多语言文案、多语言图片支持官方热区模块，可以降低做热区的成本。另外速卖通在后台提供多种店铺装修模板，卖家可以根据需要自行选择。

（一）店招设计

在店铺首页结构中处于最上方的是店招，店招是一个店铺的招牌，不管是Amazon还是速卖通，简约化成为店招设计的主流趋势，目前大部分店招选择纯白色背景，店招内容只显示品牌和搜索框，如图10-14所示。通过店招，买家可以感受品牌的价值。速卖通店招图片的主流宽度为1200像素、高度为100~150像素，支持JPG、PNG格式，大小不得超过2 MB。

图 10-14　简约店招示例

除了品牌商标和搜索框，有些店招还设置了二维码，目的是引导买家扫描该二维码进入店铺的移动端，如图10-15所示。

图 10-15　设置了二维码的店招

在有大促或节日推广活动时，卖家可以根据需要修改店招内容，除了前面提到的基础内容，还可以在店招中增加大促或主推产品信息，如图10-16所示。

图 10-16　增加了大促或节日推广活动信息的店招

（二）海报设计

速卖通卖家越来越重视店铺首页的海报设计，包括产品海报、活动海报、类目海报等多种形式。通过海报可以向客户传递店铺主营产品、主推的活动、店铺新品等信息，同时可以通过设计"购买按钮"引导买家快速下单。

速卖通店铺海报设计要求主题清晰，整个版面的颜色不宜过多；促销海报中一般包含产品主标题、副标题、价格（原价、折扣价）和购买按钮等信息；如果只有一个产品，建议将其置于黄金分割点位置；文案内容不宜过多。

速卖通PC端海报宽度为960像素（通栏海报宽度为1920像素），高度通常在

100~600像素；移动端的海报图片宽度是750像素，高度不超过960像素，图片大小不得超过2MB，支持 JPG、PNG 图片格式。

以图 10-17 为例，该海报主要推广一款耳机产品，通过动感的画面突出产品的运动属性；文案简洁明了，主标题在整个海报中起到了点睛之笔的作用，副标题是对主标题的有益补充，"BUY NOW" 按钮可吸引买家快速进入该产品的详情页。

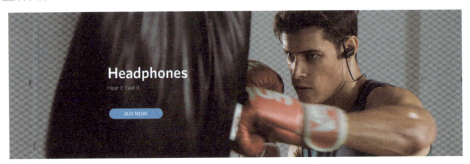

图 10-17　速卖通动感型海报设计

图 10-18 是一家主要销售玩具的店铺的促销海报，海报除了传递产品信息，也传递了速卖通平台"328大促"的折扣信息，同时告知买家购买多件还可以享受折上折的优惠。

图 10-18　速卖通折扣信息海报

通过速卖通店铺首页的海报可以把买家引导到某个产品分组，也可以链接到具体的产品详情页中。图 10-19 是速卖通上一家运动品牌旗舰店的首页部分截图，从图中可以发现该店铺的风格是将多张海报穿插在首页中。第一张海报主要是品牌理念的传递，点击该海报后将呈现全品类的信息；第二张海报是户外运动背包的类目入口，点击海报就可以进入运动背包类目子页面。

图 10-19　速卖通运动品牌旗舰店首页

二、产品详情页设计

产品详情页是详细描述产品的页面，关系到产品的成交转化率，产品详情页主要由主图、标题、颜色图、属性、产品信息模块、产品详情描述等部分组成。由于本书侧重视觉设计，本节主要介绍主图、颜色图和详情图的设计。

（一）主图设计

产品主图关系到买家对产品的第一印象。很多速卖通卖家受到境内电商平台的影响，经常将主图做得过于炫目，从长远角度来看，这将不利于店铺和品牌的发展。好的主图要求画面干净整洁，产品清晰明了。

在速卖通平台上传产品图片时，一般要求产品主图6张，如图10-20所示，平台要求产品图片格式为JPEG，文件大小5M以内，图片像素建议大于800像素×800像素，横向和纵向的比例建议在1:1到1:1.3之间，图片中产品主体占比建议大于70%，背景为白色或纯色，如果有商标，建议放在左上角，不宜过大，不建议添加促销标签和文字。下面具体介绍主流类目的主图规则。

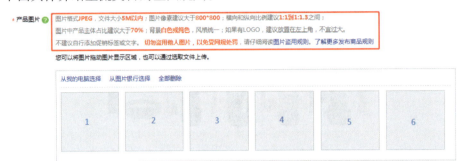

图10-20 速卖通主图规则

1.女装行业产品图片要求

女装类产品的背景最好是白色或浅色底；图片除了英文商标统一放在左上角外，不允许放置任何尺码、促销、水印和文本等信息；图片主体要求占整个图片的70%以上，禁止出现任何形式的拼图；主图建议准备6张图片，顺序依次为模特或实物正面图、背面、侧面和细节图如图10-21所示。

图10-21 女装类产品图片示例1

图10-22 童装类产品图片示例2

2.男装行业产品图片要求

男装主图像素必需大于800像素×800像素，尺寸必须为正方形；上传产品主图5~6张，建议拍摄衣服（模特）正面图和背面图，同时也要有侧面图、细节图和实拍图，不允许拼图；品牌商标放置于主图左上角，大小为主图的1/10；图片上不允许出现中文字、水印和促销等信息。

3.童装行业产品图片要求

童装类产品的图片背景要求为白底或纯色，模特居中展示，占主体70%以上，不允许加边框和中文水印，商标统一放在左上角；童装允许两张拼图，左图模特，右图实物；主图建议为正方形，像素须大于或等于800像素×800像素；建议上传6张图片，顺序依次为模特（或实物）的正面图、背面、侧面和细节图，如图10-22所示。

4.婚纱礼服行业产品图片要求

婚纱礼服类产品的主图背景建议为浅色、纯色或白色；主图像素必须大于或等于800像素×800像素；主图必须达到6张，第一张为正面全身图，第二张为背面全身图，且细节图不得少于3张；主图中的真人模特必须露出头和脸，不允许拼接，多色产品主图禁止出现九宫格；品牌商标放置于主图左上角，不能添加边框和促销文字说明，如图10-23所示。

图 10-23　婚纱礼服图片

5.鞋业行业产品图片要求

鞋子的图片背景建议采用纯白底或简洁的自然场景；图片重点展示单只或者一双鞋子（占据图片60%以上的空间）；图片尺寸为800像素×800像素及以上，图片长宽比例保持1:1，图片数量必须在5张以上；不能使用拼接图片，不能在一张图片上展示多种颜色的产品。

6.箱包行业产品图片要求

箱包行业的产品图片建议用白底或纯色背景；主图主体大小占整体图片的2/4~3/4，居中摆放，正面为佳，必须完整出现单一产品主体；主图像素大于或等于800像素×800像素，1:1比例为佳，不能出现多图拼接和促销文字；图片数量建议5张以上，一般包括箱包的各面图（六面最佳，至少正反面）、包身细节图和包内部细节图等。

7.配饰行业产品图片要求

全球速卖通服装鞋包行业图片优化规范要求

配饰产品的主图像素必须大于或等于800像素×800像素，图片比例建议1:1；允许在一张图片中出现多个产品，但不允许出现拼图；产品主图不得少于5张，其中第1张为产品正面图，第2张为侧面图。

（二）颜色图设计

产品颜色图是描述产品颜色和属性的有效方式，要求宽高比例为1:1，图片大小为800像素×800像素，不超过5MB，支持JPG、JPEG和PNG格式。

（三）详情图设计

1.PC端详情图设计

速卖通平台PC端详情页的图片建议宽度不超过750像素、高度不超过800像素，宽度或高度超过限制会被系统等比压缩。图片可以是JPG或PNG格式，每张图片不超过3MB。

产品详情页图片数量以12张为宜，这些图片可参考如下陈列方式。

（1）1张实物图：带有品牌标识的实拍图片。

（2）2张产品细节图：对产品材质、制作工艺、设计亮点等信息的展现。

（3）3张场景图：主要对该款产品的风格和特点进行展示说明。

（4）1~2张功能图：体现产品的使用特性和基础功能。

（5）1~2张SKU说明：不同款式和颜色的比对说明。

（6）1张宣传图：可以体现卖家品牌或公司实力，也可以体现产品性价比。

（7）1张差异图：通过差异图，体现产品与其他同类产品的差异化优势，优秀的差异图可提高订单的转化率。

详情页中，排在前三的应是一些直观、清晰，能激发起买家的购买欲望的产品图片；第4、5张图片可以用来展示产品的实用性功能，扩大买家购物的选择性；第6、7张可以展示不同SKU的产品信息；第8、9张可展示产品细节，让顾客更深入地了解产品功能；借助第10张的差异图可以增强卖家自身的产品优势；第11、12张的实物图可提高产品的可信度，减少产品纠纷。

2.移动端详情页设计

随着移动互联网时代的来临，速卖通卖家也越来越重视移动端详情页的优化设计。由于手机屏幕尺寸的限制，推荐宽度为720像素及以上，高度不超过720像素。

移动端详情页的描述文字字号不得小于26像素，图片占屏宽的2/3。如果采用图文编排，建议图文分离，布局采用居中排版或者左右分布排版，文字至少距离屏幕边界32像素。图10-24为速卖通后台移动端编辑页面，图10-25为移动端预览效果。

 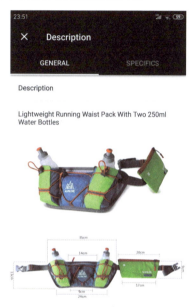

图10-24　速卖通后台移动端编辑页面　　　　图10-25　移动端详情页预览效果

本章小结

1.相比境内电商，跨境电商在视觉效果上趋于简约，建议图片背景为白色或纯色，主图像素要求在800像素×800像素及以上，图片不能有边框和水印，不做拼图设计。对产品商标各平台均有相应的规定，上传产品图片前要先了解清楚不同平台对不同行业图片设计的具体要求。

2. Amazon对产品图片的要求较高，图片要展示单一产品，要保证产品的真实性，不宜过度修饰。保证产品质量才能吸引买家下单。

3.对速卖通平台来说，做好视觉营销，设计好首页和详情页，可以提高店铺产品的排名，增加曝光量。

推荐书籍

1.速卖通大学.跨境电商视觉呈现：阿里巴巴速卖通宝典［M］.北京：电子工业出版社，2018.

2.宁芳儒.跨境电商亚马逊是如何运营的［M］.北京：人民邮电出版社，2022.

本章习题

第十章习题